征收拆迁
实务问答与案例指引

王学堂 —— 编著

中国法制出版社
CHINA LEGAL PUBLISHING HOUSE

前　言

2007年8月，我从人民法院调入当时的法制局工作，实现了从法官到人民政府公务员的转型，工作场景的转变也带来了工作内容的更新，职业角色逐步从审判案件的法官转变为人民政府的法律助手、顾问和参谋。

2007年，我所在的区人民政府启动了某项目改造工程。我参加了法律顾问组的相关工作，为项目的拆迁、改造和更新尽了绵薄之力。直到近期，这个在中心城区改造800亩，涉及1万多户、3万多人的拆迁项目收尾工作仍然在进行。在2009年总面积为2176亩的另一旧城改造项目和2010年某镇项目中，我参与了拆迁法律政策研究工作。2011年1月21日，《国有土地上房屋征收与补偿条例》（以下简称征收条例）取代了原有的《城市房屋拆迁管理条例》，在此之前我跟同事们已厘清了部分地块的拆迁许可证，为下一步工作做好了准备，为未来的发展预留了空间。2012年的某区征收改造项目是我参与的第一个征收项目。可以说，截至2020年，我几乎参与了区内所有征收拆迁项目，除参与法律政策研究工作外，还解决了一些实务问题。这些年我出庭代理的区人民政府行政复议、诉讼案件如信息公开、不履行职责等多与征收拆迁有关。可以说，征收拆迁工作见证了我的成长。

于是，2020年我就有了写作一本关于征收拆迁实务法律图书的想法。一方面是对这十余年的工作进行总结和提升，另一方面是对一些案例的反思与镜鉴，再一方面是为征收工作解决一些现实难题。

本书体例采用问题提出、法律解答、相关案例、相关法条四个部分。问题提出是针对实务工作中遇到的难题；法律解答引用了《国有土地上房屋征收与补偿条例释义》（中国法制出版社 2011 年版）和最高人民法院裁判文书的相关司法观点；相关案例为了防止"对号入座"没有采用我自己办理的案件，而是引用了最高人民法院公报、中国裁判文书网近年公开发布的具有典型性的案例；相关法条主要是与征收条例相配套的法条。为满足工作需要，本书附录了征收条例等常用规定。

为了便于查阅，大部分的文件名称中的"中华人民共和国"均省略；相关法条部分选取了与该部分联系紧密且现行有效的相关规定；相关案例部分为方便读者阅读，对案情进行了适当删减。

本书适于征收实务工作者、司法行政工作者以及关心征收拆迁的人士阅读。因为水平有限，敬祈指正。

王学堂
2023 年 3 月 14 日

目　录

征　收

01 征收和拆迁有何不同 …………………………………… 1

02 集体土地也参照适用征收条例 …………………………… 4

03 "被征收人"指的其实是"户" …………………………… 6

04 被征收人不一定是产权人 ………………………………… 9

05 特殊情况下被征收人的确定 ……………………………… 13

06 产权有争议如何征收 ……………………………………… 15

07 在不动产未过户的情况下，谁是被征收人 ……………… 19

08 承租人是否享有被征收人的权利 ………………………… 23

09 公房承租人是被征收人 ································· 29

10 参与征收动迁工作各主体的法律关系 ················· 32

11 被征收人如何确定行政诉讼的适格被告 ··············· 41

12 征收实施单位不可以是企业 ··························· 44

13 旧城区改建与商业开发交织是公共利益 ··············· 48

14 模拟征收是否合法 ···································· 57

15 征收决定的公告方式有哪些 ··························· 62

16 征收补偿方案不可诉 ·································· 65

补 偿

17 被征收人不配合入户调查怎么办 ······················ 69

18 超出规划红线的征收并不必然违法 ···················· 73

19 对征收范围内禁止活动的理解 ························· 77

目 录

20 享受停产停业损失补偿的条件 …………………………… 82

21 停产停业损失补偿给承租人还是出租人 ………………… 88

22 对不存在的房屋如何评估其价值 ………………………… 91

23 评估时点为房屋征收决定公告之日 ……………………… 94

24 评估报告不送达是否违法 ………………………………… 104

25 评估异议的复核鉴定权利 ………………………………… 106

26 评估机构提供虚假证明材料的责任 ……………………… 109

27 补偿方式为何首选产权调换 ……………………………… 115

28 选房公告不可诉 …………………………………………… 120

29 无证房产不等同于违法建筑 ……………………………… 123

30 院落怎样进行征收补偿 …………………………………… 128

31 树木如何补偿 ……………………………………………… 131

3

32
签订补偿协议必须自愿 ·· 133

33
口头补偿协议是否有效 ·· 137

34
房屋已入住但未办理登记的安置违约 ································ 140

35
行政机关可否单方解除补偿协议 ······································ 143

36
作对征收人不利的解释 ·· 147

37
会议纪要是否必须执行 ·· 150

38
补偿协议中的违约金是否可以调整 ··································· 151

拆 除

39
为什么要先补偿后搬迁 ·· 157

40
补偿决定的强制执行主体是法院还是人民政府 ··················· 159

41
谁具有拆除房屋的职权 ·· 165

42
房屋征收与补偿工作的主体 ·· 167

43 建筑的强拆也不能"任性" ……………………………………………… 169

44 以危房为由强拆是否属于滥用职权 ……………………………………… 175

45 违法征收的赔偿应当高于同等情形的协议 ……………………………… 179

46 未超出日常生活用品合理范围的损失应当赔偿 ………………………… 183

47 征收拆迁的"一行为一诉" ……………………………………………… 189

48 对起诉期限中"知道或者应当知道"的理解 …………………………… 195

49 征收信息公开不适用政府信息公开条例 ………………………………… 200

附　录

国有土地上房屋征收与补偿条例 …………………………………………… 202
　　（2011 年 1 月 21 日）
最高人民法院关于办理申请人民法院强制执行国有土地上房屋征收
　　补偿决定案件若干问题的规定 ………………………………………… 209
　　（2012 年 3 月 26 日）
最高人民法院关于审理涉及农村集体土地行政案件若干问题的规定 ……… 212
　　（2011 年 8 月 7 日）
国有土地上房屋征收评估办法 ……………………………………………… 214
　　（2011 年 6 月 3 日）

征　　收

01 征收和拆迁有何不同

问题提出

为什么我们常说的拆迁其实是征收？

法律解答

2011年1月21日征收条例实施，自此因公共利益需要征收房屋的，应当由市、县级人民政府作出房屋征收决定；国务院于2001年6月13日公布的《城市房屋拆迁管理条例》同时废止，意味着自2011年1月21日起，房屋征收部门不得再按照原拆迁条例规定核发新的房屋拆迁许可证。同时，要求国务院有关部门、地方人民政府及时制定相应的配套政策，规范房屋征收补偿工作。"拆迁"变成了法律上的"征收"正是一座城市发展的剪影。

除习惯性称呼外，"征收"一词其实包含拆迁的意思，因为除征回房屋，政府基于土地上的征收继而还要拆除土地上房屋。而从字面上看，"拆"就是把土地上的建筑物、构成物等拆除，"迁"就是将土地上原有使用人迁移别处。

那么征收和拆迁都有哪些区别呢？昔日的拆迁并不等于时下的征收，两者是有本质区别的。

1. 公共利益征收与商业开发拆迁彻底分开。为了"公共利益"的需要，对国有土地上的房屋实行征收以及对被征收房屋的所有权人给予补偿的，适用征收条例。区别于公益性征收，非为"公共利益"的拆迁，是一种民事行为，是平等主体之间的一种交易，不存在政府行政征收问题，追求的是双方协商。

2. 政府是公共利益征收唯一实施和补偿主体。明确政府是征收补偿的主体，是对原有拆迁的彻底颠覆。过去，由拆迁人即开发商（包括土地储备中心）向政府申请拆迁许可，获批后由其实施拆迁。征收条例第四条第一款规定，市、县级人民政府负责本行政区域的房屋征收与补偿工作。也就是说，实施征收、补偿的主体只有一个，那就是人民政府。

3. 政府征收房屋必须履行公示程序，赋予被征收人知情权、参与权。政府在国有土地上对房屋征收与补偿过程中，应依法履行公示程序（三次公布、一次公告）。在征收程序方面，突出强调了被征收人的知情权、参与权等。拆迁没有履行上述程序的强制性要求。

相关案例

刘某春诉某区人民政府拆迁安置补偿协议案[①]

最高人民法院经审查认为，征收条例第三十五条规定，该条例施行前已依法取得房屋拆迁许可证的项目，继续沿用原有的规定办理。由于2010年5月，某市土地发展中心已经取得拆迁许可证，故本案不应适用征收条例，而应继续沿用《城市房屋拆迁管理条例》[②]规定的程序和补偿方式办理。根据《城市房屋拆迁管理条例》（现已失效）的规定，解决拆迁人与被拆迁人之间的安置补

[①] 《刘某春、某区人民政府城乡建设行政管理：房屋拆迁管理（拆迁）再审审查与审判监督行政裁定书》，载中国裁判文书网，https://wenshu.court.gov.cn/website/wenshu/181107ANFZ0BXSK4/index.html?docId=e21ec19369ac4c9981dba8970111794d，2022年6月6日访问。

[②] 本书案例中引用的法律法规条文均为案件裁判当时有效，下同。

偿问题，可以由拆迁人与被拆迁人订立拆迁补偿安置协议；拆迁人与被拆迁人达不成拆迁补偿安置协议的，房屋拆迁管理部门可以经当事人申请就安置补偿问题作出裁决。最高人民法院《关于受理房屋拆迁、补偿、安置等案件问题的批复》（现已失效）规定："拆迁人与被拆迁人因房屋补偿、安置等问题发生争议，或者双方当事人达成协议后，一方或者双方当事人反悔，未经行政机关裁决，仅就房屋补偿、安置等问题，依法向人民法院提起诉讼的，人民法院应当作为民事案件受理。"针对安置补偿问题，被拆迁人对裁决不服的，可以提起行政诉讼；而对拆迁补偿安置协议不服的，则应提起民事诉讼。依据《城市房屋拆迁管理条例》实施的城市房屋拆迁过程中形成的补偿安置协议，应当属于人民法院民事案件的受理范围。本案中，2010年6月，某街道办事处经委托与刘某春签订了本案被诉的《拆迁安置补偿协议》。根据前述规定，由该协议引发的相关纠纷，应当通过民事诉讼途径予以解决，原审法院认定该协议不属于行政诉讼受案范围，并无不当。

综上，裁定驳回刘某春的再审申请。

王某与某市人民政府房屋搬迁安置补偿协议案[①]

最高人民法院经审查认为，行政诉讼法修改之前，本案所涉及的房屋搬迁安置补偿协议一般通过民事诉讼途径解决。无论是根据法理，还是行政审判中的普遍认识和做法，一般适用"实体从旧，程序从新"原则。当事人对2015年5月1日之前签订的房屋搬迁安置补偿协议不服，可以通过民事诉讼途径解决。本案被诉的房屋搬迁安置补偿协议系2012年9月27日签订的，原一、二审法院分别裁定驳回再审申请人的起诉和上诉，并无不当。综上，裁定驳回王某的再审申请。

---

① 《王某、某市人民政府再审审查与审判监督行政裁定书》，载中国裁判文书网，https://wenshu.court.gov.cn/websitewenshu/181107ANFZ0BXSK4/index.html?docId=8356b57b9bdf4bb3991eab0c00c18daf，2022年6月27日访问。

相关法条

《国有土地上房屋征收与补偿条例》

第三十五条　本条例自公布之日起施行。2001年6月13日国务院公布的《城市房屋拆迁管理条例》同时废止。本条例施行前已依法取得房屋拆迁许可证的项目，继续沿用原有的规定办理，但政府不得责成有关部门强制拆迁。

02 集体土地也参照适用征收条例

问题提出

征收条例是否适用于村集体土地？

法律解答

从理论上讲，征收条例只适用于征收国有土地上单位、个人的房屋，不适用于集体土地征收。集体土地征收是由土地管理法[①]调整的。根据宪法和民法典的有关规定，城市的土地，属于国家所有。法律规定属于国家所有的农村和城市郊区的土地，属于国家所有。征收条例适用于国有土地上房屋征收活动，但不限于城市规划区内。

《最高人民法院关于审理涉及农村集体土地行政案件若干问题的规定》第十二条规定，征收农村集体土地时涉及被征收土地上的房屋及其他不动产，土地权利人可以请求依照物权法第四十二条第二款的规定给予补偿。征收农村集体土地时未就被征收土地上的房屋及其他不动产进行安置补偿，补偿安置时房屋所在地已纳入城市规划区，土地权利人请求参照执行国有土地上房屋征收补

[①] 本书在解答法律问题过程中提及的法律文件名称使用简称，以下不再标注。

偿标准的，人民法院一般应予支持，但应当扣除已经取得的土地补偿费。

2019年8月26日全国人民代表大会常务委员会对土地管理法进行了第三次修改，并自2020年1月1日起实施，其后集体土地上房屋拆迁还要不要参照征收条例的精神执行？主流观点认为，这次土地管理法修正未涉及征地补偿标准的问题，因此，仍然应参照执行征收条例。

相关案例

陈某生诉某区管委会征收行政强制案[①]

2010年4月22日，某市国土资源局委托某区征地办公室，开展相关征收土地和安置补偿工作，并制作《委托书》。2015年10月27日，某区土储中心与某村6队陈某生签订《某市集体土地上住宅房屋拆迁补偿安置协议书》。

最高人民法院经审查认为，本案中，法律并未规定某区管委会在征地过程中，对于拒不交出土地的情形，有强制拆除房屋的法定职权。在此情形下，某区管委会未向人民法院申请强制执行，自行对陈某生的房屋实施强制拆除，超越职权。一、二审判决确认强制拆除行为违法，认定事实清楚，适用法律正确。

陈某生主张，涉案房屋所在土地已纳入城市规划范围，应当参照国有土地上房屋征收补偿标准计算补偿款数额。《最高人民法院关于审理涉及农村集体土地行政案件若干问题的规定》第十二条第二款规定的适用条件是：集体土地征收时，未对原集体土地上的房屋进行征收补偿，时隔多年后又对原集体土地上的房屋进行征收。征收时，包括被征收房屋所在的土地已经征为国有土地。如果补偿安置时被征收房屋所在土地已纳入城市规划区，基本实现城镇化，房屋价值已经普遍升值，按照若干年前集体土地征收时的价格进行补偿安置，显然会严重损害被征收人的合法权益。为此，最高人民法院前述司法解释

[①] 《陈某生、某区管理委员会再审审查与审判监督行政裁定书》，载中国裁判文书网，https://wenshu.court.gov.cn/website/wenshu/181107ANFZ0BXSK4/index.html?docId=756d311491c440d58a54ab0b00c12f23，2022年6月27日访问。

规定，对此类房屋可以参照国有土地上房屋征收的安置补偿标准予以安置补偿，同时要扣除已经取得的土地补偿费。本案中，集体土地征收与对陈某生房屋征收是同步进行的，并不符合前述司法解释规定的"征收农村集体土地时未就被征收土地上的房屋及其他不动产进行安置补偿"的适用条件。

综上，裁定驳回陈某生的再审申请。

相关法条

《国有土地上房屋征收与补偿条例》

第二条　为了公共利益的需要，征收国有土地上单位、个人的房屋，应当对被征收房屋所有权人（以下称被征收人）给予公平补偿。

《最高人民法院关于审理涉及农村集体土地行政案件若干问题的规定》

第十二条第二款　征收农村集体土地时未就被征收土地上的房屋及其他不动产进行安置补偿，补偿安置时房屋所在地已纳入城市规划区，土地权利人请求参照执行国有土地上房屋征收补偿标准的，人民法院一般应予支持，但应当扣除已经取得的土地补偿费。

03 "被征收人"指的其实是"户"

问题提出

有人认为，尽管征收条例里面用了"被征收人"的概念，但这里的"人"其实更多是指"户"，这种说法正确吗？

法律解答

征收条例把房屋所有权人作为被征收人，但这既非必要也不是充分条件（具体原因后述）。结合征收条例第二十九条第一款规定的"房屋征收部门应当依法建立房屋征收补偿档案,并将分户补偿情况在房屋征收范围内向被征收人公布",以及第十五条规定的"房屋征收部门应当对房屋征收范围内房屋的权属、区位、用途、建筑面积等情况组织调查登记,被征收人应当予以配合",可以看出,这里指的户不是以家庭成员为单位的户,而是以产权房屋为户,即一份产权为一户。有些一个家庭成员却有几套房产即分为好几户,但也有些人家几代人或几个家庭只住一套房只能按一个产权人分为一户。第十五条一般被简称"入户调查",指房屋调查登记的工作人员,包括房屋征收部门工作人员、受委托的房屋征收实施单位工作人员一般应当对现场房屋及附属物分单元和类别进行拍照、录像、编号,建立档案,做到一户一档。房屋征收部门、被征收人及其他参与调查登记的单位应当对调查结果签字认可。

这里面出现了"户"的概念。刑法第二百六十三条第一项规定,入户抢劫的将处十年以上有期徒刑、无期徒刑或者死刑,并处罚金或者没收财产。这是抢劫的加重情节。根据《最高人民法院关于审理抢劫、抢夺刑事案件适用法律若干问题的意见》,"户"在这里是指住所,其特征表现为供他人家庭生活和与外界相对隔离两个方面,前者为功能特征,后者为场所特征。这样的解释对征收条例也可参照适用。家庭生活一般是指具有血缘或拟制关系的亲属组成的家庭成员相对固定地居住在一起,其特点有二:一是居住成员间具有亲属关系;二是居住的成员比较固定,既可能是多个成员,也可能是一人独居。

因此,补偿协议的签订主体一般以家庭或户为单位。

相关案例

苏某敏、王某增诉某市人民政府房屋征收补偿案[①]

最高人民法院经审查认为,本案的审查焦点为王某增与某市人民政府签订

---

① 《苏某敏、王某增再审审查与审判监督行政裁定书》,载中国裁判文书网,https://wenshu.court.gov.cn/website/wenshu/181107ANFZ0BXSK4/index.html?docId=13f8a3d36c8644ee8e3eaad20113385e,2022年6月27日访问。

的《房屋安置补偿协议》是否合法。根据征收补偿工作的惯例和实践做法，征收人与被征收人签订补偿安置协议一般以家庭或户为单位。本案中，王某增与苏某敏系夫妻关系。2013年10月26日，王某增在与街道办事处签订《房屋安置补偿协议》时，提交了苏某敏的拍卖成交确认书、拍卖交款凭证、佣金发票以及有苏某敏和王某增签名的结婚证复印件等材料。某市政府有理由相信王某增系代表其家庭签订的《房屋安置补偿协议》。房屋现已被拆除，补偿安置协议也已经履行。苏某敏、王某增诉请撤销《房屋安置补偿协议》，另行签订安置补偿协议，一、二审法院不予支持，并无不当。综上，裁定驳回再审申请人苏某敏、王某增的再审申请。

李某诉某区人民政府、某村民委员会行政违法案[①]

李某之父李某全在某村拥有宅基地一处，李某的户口登记在该村。某街道某村合村并城项目指挥部由某区人民政府设立。2013年12月16日某村民委员会、某村总支部委员会根据4+2工作法（四议两公开）的程序，经村民代表会议表决通过了《某村合村并城项目拆迁补偿安置方案》，并于2013年12月29日对外公布。某区某街道某村合村并城项目指挥部在该方案上署名并用印。《某村合村并城项目拆迁补偿安置方案》第二条中规定，不符合招婿条件的，户口在本村的姑娘本人按70平方米居住用房安置，其配偶及子女不享受安置。2014年5月16日李某全作为户主与某区某街道某村民委员会签订了《某区某街道某村合村并城项目拆迁补偿安置协议》。李某除获得70平方米居住用房安置外，未得到与李某全同等的其他补偿安置，李某之子范某森未获得补偿安置。

郑州铁路运输中级人民法院、河南省高级人民法院一、二审均判决驳回李某的诉讼请求。

[①] 《李某、郑州市某区人民政府再审行政判决书》，载中国裁判文书网，https://wenshu.court.gov.cn/website/wenshu/181107ANFZ0BXSK4/index.html?docId=dc38ac5da4dc4c7ba841ab4900c21412，2022年6月27日访问。

最高人民法院认为,对于农村居民宅基地以及人员的安置补偿,土地管理法及其实施条例没有作出具体规定。实践当中,由于我国农村长期以户为单位对宅基地的取得和使用进行管理。因此,在集体土地的征收补偿安置过程中,以户为单位进行安置补偿成为很多地方的习惯性做法。本案中,李某之父李某全作为户主与某村民委员会签订的补偿安置协议,系李某全代表该户自愿签订,且已履行完毕,该行为不违反法律的禁止性规定,应为有效。判决维持河南省高级人民法院(2016)豫行终1404号行政判决。

相关法条

《国有土地上房屋征收与补偿条例》

第二条 为了公共利益的需要,征收国有土地上单位、个人的房屋,应当对被征收房屋所有权人(以下称被征收人)给予公平补偿。

04 被征收人不一定是产权人

问题提出

征收条例第二条将房屋所有权人与被征收人并称,那么从法律上理解,被征收人是否必须是产权人?

法律解答

民法典第二百四十条规定,所有权人对自己的不动产或者动产,依法享有占有、使用、收益和处分的权利。占有、使用、收益和处分,被认为是所有权的四项基本权能。

但现实中,《最高人民法院关于审理建筑物区分所有权纠纷案件适用法律若干问题的解释》第一条第二款规定,基于与建设单位之间的商品房买卖民事法律行为，已经合法占有建筑物专有部分，但尚未依法办理所有权登记的人，可以认定为民法典第二编第六章所称的业主。因此，实践中认定"业主"往往是指"房屋的所有权人"，而"房屋所有权人"一般又以物权登记的人为准（不排除尚未经不动产登记取得所有权，主要为民法典物权编第二章第三节规定的情形），现实中对"业主"的概念理解是狭义的理解，未包括"准业主"（严格讲是可以认定为业主的人）。为了避免影响"准业主"的业主权，上述司法解释进一步扩大了业主的范围。民法典物权编第二章第三节规定可认定为业主的情形有如下几种：（1）因人民法院、仲裁委员会的法律文书或者人民政府的征收决定等取得所有权的人；（2）因继承或者受遗赠取得物权的人；（3）因合法建造、拆除房屋等事实行为设立并取得物权的人；（4）基于与建设单位之间的商品房买卖民事法律行为，已经合法占有建筑物专有部分但尚未依法办理所有权登记的人（"合法占有"应理解为"交付"，不见得就得住进去，此种情形下迟延取得产权证的，不影响购房人的业主权）。

该司法解释大大丰富了房屋所有权人（业主）的内涵，对征收中"被征收人"的认定有极大的借鉴意义。

相关案例

郝某亮诉某区人民政府房屋行政征收案[①]

最高人民法院经审查认为，本案的争议焦点为郝某亮是否具有本案原告诉讼主体资格。行政诉讼法第二十五条第一款规定，行政行为的相对人以及其他与行政行为有利害关系的公民、法人或者其他组织，有权提起诉讼。本案中，郝某亮与开发商签订购房合同并支付购房款，购买了案涉房屋并实际居住多年，虽未经登记机关予以产权登记，但在没有证据排除案涉房屋归郝某亮实际

[①] 《郝某亮再审审查与审判监督行政裁定书》，载中国裁判文书网，https：//wenshu.court.gov.cn/website/wenshu/181107ANFZ0BXSK4/index.html？docId＝4b7094843857423a942faacb01132ccd，2022年6月27日访问。

拥有的情况下，应当认可郝某亮对案涉房屋的实际所有者地位。某区人民政府于2017年4月5日作出并公告被诉房屋征收决定，郝某亮购买并实际居住多年的案涉房屋位于征收范围内，被诉房屋征收决定将会直接影响郝某亮的权利义务。故郝某亮与被诉房屋征收决定具有法律上的利害关系，具有提起本案诉讼的原告主体资格。一审法院裁定驳回起诉、二审法院予以维持，属于适用法律错误，依法应予纠正。

综上，裁定本案指令山西省高级人民法院再审。

刘某与某市人民政府拆除房屋行为违法案[①]

原告刘某与第三人医药公司于2006年8月31日签订房屋转让协议，约定：医药公司将与某房地产管理所共有的房屋中属于医药公司的部分转让给刘某；由于该房屋没有土地使用权证，难以办理产权过户手续；如该房屋涉及拆迁，拆迁安置补偿费全部归刘某所有。被告某市人民政府于2014年作出国有土地上房屋征收决定，涉案房屋位于征收范围内。某市人民政府与医药公司于2016年11月17日签订房屋征收补偿协议。同月23日，涉案房屋被拆除。另查明，某市人民政府与医药公司签订的房屋征收补偿协议被法院生效判决撤销。刘某与医药公司签订的房屋转让协议被法院生效判决确认有效。

浙江省宁波市中级人民法院经审理认为，某市人民政府拆除涉案房屋系依据其与医药公司签订的房屋征收补偿协议，但该协议已被法院生效判决撤销，拆除涉案房屋丧失了事实依据。同时，刘某与医药公司签订的房屋转让协议也经法院生效判决确认有效，刘某应当享有涉案房屋在征收补偿中的权利，在未获得补偿的情况下，某市人民政府拆除涉案房屋违反征收条例第二十七条第一款"实施房屋征收应当先补偿、后搬迁"的规定。遂判决确认某市人民政府

[①] 《某市人民政府、刘某城乡建设行政管理：房屋拆迁管理（拆迁）二审行政判决书》，载中国裁判文书网，https://wenshu.court.gov.cn/website/wenshu/181107ANFZ0BXSK4/index.html? docId = d56298be0f944a018591aa3b0100aff6，2022年6月27日访问。

拆除涉案房屋行为违法。

宣判后，某市人民政府不服，提起上诉。浙江省高级人民法院经审理认为原审法院确认某市人民政府拆除房屋行为违法，并无不当。判决驳回上诉，维持原判。

刘某与医药公司签订购房合同购买了涉案房屋，系由于该房屋没有土地使用权证以及与案外人共有所有权的特殊原因，难以办理产权过户手续。但协议签订后，刘某交付了购房款，取得涉案房屋并占有、使用达十余年，双方均已实际履行。且该房屋转让协议已被法院生效判决确认有效，故虽未办理产权变更登记，但刘某通过合同实现了物的支配关系，其享有的债权是特定化的债权，在没有相反证据的情况下，应当认可刘某的实际所有者地位，其按约定应享有涉案房屋拆迁安置补偿的权利。某市人民政府拆除房屋虽然是依据其与医药公司签订的房屋征收补偿协议，但该协议已被法院生效判决所撤销，协议被撤销则自始无效，故强拆行为丧失了事实基础。某市人民政府在未对实际权利人进行补偿的情况下实施强拆，违反了"先补偿、后搬迁"的法律规定，导致刘某丧失了继续占有、使用该房屋的利益，对其合法权益造成损害。

涉案强拆行为违背诚实信用原则。行政主体在作出行政行为的过程中应遵守诚实信用原则，不得滥用权力或规避法律规定的义务。本案中，某市人民政府在实施房屋征收行为之前，已对涉案房屋的权属情况进行过调查，对于该房屋已由医药公司卖给刘某是知情的，故其在征收活动中应尊重合同双方已然形成并被生效判决确认的民事秩序。某市人民政府亦陈述曾和刘某就征收补偿事宜进行过协商，但未达成一致。之后，某市人民政府为了尽快实现拆迁目的，转而与医药公司签订补偿协议，该做法存在刻意规避法律责任的主观故意，违背了诚实信用原则。

相关法条

《最高人民法院关于审理建筑物区分所有权纠纷案件适用法律若干问题的解释》

第一条 依法登记取得或者依据民法典第二百二十九条至第二百三十一条规定取得建筑物专有部分所有权的人,应当认定为民法典第二编第六章所称的业主。

基于与建设单位之间的商品房买卖民事法律行为,已经合法占有建筑物专有部分,但尚未依法办理所有权登记的人,可以认定为民法典第二编第六章所称的业主。

05 特殊情况下被征收人的确定

问题提出

在征收中,经常遇到房主死亡,但家庭成员之间没有分家析产的情况,此时如何认定被征收人?

法律解答

自然人,依法享有民事权利能力,是民事主体之一,可以享有各种人身权利和财产权利。自然人一旦死亡,法律关系均因死亡导致法律主体缺乏而消灭。民事权利能力是法律确认的自然人享有民事权利承担民事义务的资格。根据民法典规定,公民从出生时起到死亡时止,具有民事权利能力,依法享有民事权利,承担民事义务。因此,在法律上出现的人、自然人、公民等概念,均指具有生命的自然人。作为民事主体之一的自然人(人、公民)只能是有生命的自然人。

分家析产指的是家庭成员分割家庭共有财产、各自独立生活的行为。分家,就是把一个较大的家庭分成几个较小的家庭。析产,又称析分财产,就是将家庭共有财产予以分割,分属各共有人所有。

对于被征收房屋权属证书上载明的所有权人死亡且涉及继承的,在房屋征收补偿决定中如何列明被征收人,相关法律法规没有明确规定。因继承可能同时存在多种法定情形,要求征收人查明情况,确实存在现实困难,也不利于征收补偿效率和征收补偿法律关系的稳定。因此,对上述情形,征收人在作出房屋征收补偿决定时,可根据实际情况,将房屋共有人确定为被征收人,而无需查明继承事项,将所有的继承人均列为被征收人。征收人作出征收补偿决定后,相关继承人可以就补偿所得自行分配或通过民事法律程序解决。具体而言,房屋的登记房主死亡,可以以其配偶或者子女等为被征收人,签订征收补偿协议。

相关案例

柴某春、王某红诉某市人民政府房屋征收补偿案[1]

王某与柴某春系夫妻,生育子女王某卫、王某英和王某红,王某于2001年死亡。2013年10月21日,某市人民政府作出《某市政府关于对青海路东侧棚户区地块房屋征收的决定》。柴某春居住的登记在王某名下的35.62平方米房屋及四处无照房屋在该征收区域内。因双方当事人未能达成征收补偿协议,2013年12月24日某市人民政府作出《某市政府关于对柴某春房屋征收补偿的决定》。

通化市中级人民法院一审判决某市人民政府作出房屋征收补偿决定的行政行为违法。

某市政府不服,提起上诉。吉林省高级人民法院二审判决撤销一审判决,驳回柴某春诉讼请求。

---

[1] 《柴某春、王某红再审审查与审判监督行政裁定书》,载中国裁判文书网,https://wenshu.court.gov.cn/website/wenshu/181107ANFZ0BXSK4/index.html?docId=b934e91219334ed38301a99e012524f8,2022年6月27日访问。

最高人民法院经审查认为，征收人作出房屋征收补偿决定时，一般应当以被征收房屋权属证书上载明的所有权人作为被征收人。对于被征收房屋权属证书上载明的所有权人死亡且涉及继承的，在房屋征收补偿决定中如何列明被征收人，相关法律法规没有明确规定。因继承可能同时存在多种法定情形，要求征收人查明情况，确实存在现实困难，也不利于征收补偿效率和征收补偿法律关系的稳定。因此，对上述情形，征收人在作出房屋征收补偿决定时，可根据实际情况，将房屋共有人确定为被征收人，而无需查明继承事项，将所有的继承人均列为被征收人。征收人作出征收补偿决定后，相关继承人可以就补偿所得自行分配或通过民事法律程序解决。本案中，被征收房屋虽然登记在王某名下，但作为王某与柴某春的夫妻共有财产，王某死亡后，某市政府在房屋征收补偿决定中，仅将柴某春列为被征收人，并不违反法律规定。综上，裁定驳回柴某春、王某红的再审申请。

相关法条

《国有土地上房屋征收与补偿条例》

第二十六条第一款 房屋征收部门与被征收人在征收补偿方案确定的签约期限内达不成补偿协议，或者被征收房屋所有权人不明确的，由房屋征收部门报请作出房屋征收决定的市、县级人民政府依照本条例的规定，按照征收补偿方案作出补偿决定，并在房屋征收范围内予以公告。

06 产权有争议如何征收

问题提出

现实中，存在房屋所有权人不明确或者房屋产权有争议，这时如何进行征收？

法律解答

征收条例第二十六条规定了"房屋所有权人不明确"的情形,一般认为是指无产权关系证明、产权人下落不明、暂时无法考证产权的合法所有人或因产权关系正在诉讼等情形。由于房屋所有权人不明确,补偿的对象也就不确定,往往难以进行补偿。在此情况下,不能因此就降低或不对此类房屋进行补偿,又不能因此久拖不决影响整个征收补偿工作。为保证被征收人的合法权益和房屋征收工作的顺利进行,除对达不成补偿协议的被征收人作出补偿决定外,对被征收房屋所有权人不明确的也有必要依法作出补偿决定。

在被征收房屋产权存在争议的情况下,征收管理部门不能与争议的任何一方签订征收补偿协议,只能由作出征收决定的人民政府依法对被征收的房屋作出征收补偿决定,并将征收补偿款及补偿安置房屋予以提存。在相关争议各方就被征收房屋产权民事争议依法解决后,作出征收补偿决定的人民政府依照生效的法律文书,向权利人发放征收补偿款,进行安置补偿。目前只有公证提存一种合法提存方式。按照《提存公证规则》的规定,提存公证是公证处依照法定条件和程序,对债务人或担保人为债权人的利益而交付的债之标的物或担保物(含担保物的替代物)进行寄托、保管,并在条件成就时交付债权人的活动。为履行清偿义务或担保义务而向公证处申请提存的人为提存人。提存之债的债权人为提存受领人。

相关案例

某产业投资公司诉某区人民政府征收补偿案[①]

本案涉案房屋位于某区某村×××号。1994年4月23日,一审第三人陈某

[①] 《某产业投资集团股份有限公司、某区人民政府再审审查与审判监督行政裁定书》,载中国裁判文书网,https://wenshu.court.gov.cn/website/wenshu/181107ANFZ0BXSK4/index.html?docId=f733890ec07944f8a802aaba00c0ba3f,2022年6月27日访问。

荣及一审第三人张某的父亲张某荣与王某山签订《房地产购销合同书》，将涉案房屋出售给王某山。签约后，张某荣、陈某荣把房产证直接办到了王某山名下。2002年3月6日，海口市新华区人民法院作出（2002）新执字第170号民事裁定，将某工程公司海南公司位于某市某村×××号房屋以22万元的价格抵偿给林某君。林某君于2002年5月22日取得涉案房屋所有权证。2005年4月10日，广西壮族自治区邕宁县人民法院作出（2004）邕法执字第414-4号民事裁定，将该房产作价239400元抵债给某饲料集团有限公司所有。2006年11月2日，某饲料集团有限公司向某市房产管理局申请房屋权属登记，并于2007年3月1日取得涉案房屋所有权证。2012年5月25日，某市某村×××号房屋登记在某产业投资公司名下。

2015年8月18日，某区人民政府作出《关于某市某区某棚户区（城中村）改造项目征收调查的通告》，对征收范围内的单位和个人进行调查登记。2015年12月2日，某区人民政府作出《关于某市某区某棚户区（城中村）改造项目房屋征收的决定》，征收范围涉及某1社区、某2社区等区域范围内的地上建筑物、构筑物和其他附属物。该征收决定通过新民网、光明网等网页进行了公告。2016年8月20日、9月27日，某市某区重点项目推进管理委员会分别与张某、陈某荣就某区某房屋及附属物的安置补偿签订了《某市某区某棚户区（城中村）改造项目征收货币化安置协议》，某区征收局于2016年9月13日向张某支付征收补偿款1185675元，向陈某荣支付1186093元，于2016年10月24日向陈某荣支付10800元。

海南省海口市中级人民法院（2017）琼01行初720号行政判决，责令某区政府于判决生效之日起三十日内就某市某村×号房产征收行为按征收补偿标准给予某产业投资公司补偿。

海南省高级人民法院（2018）琼行终12号行政判决，某区人民政府就某市某村×号房屋的征收补偿依法作出处理。

最高人民法院经审查认为，在被征收房屋产权存在争议的情况下，征收管理部门不能与争议的任何一方签订征收补偿协议，只能由作出征收决定的人民政府依法对被征收的房屋作出征收补偿决定，并将征收补偿款及补偿安置房屋予以提存。在相关争议各方就被征收房屋产权民事争议依法解决后，作出征收补偿决定的人民政府依照生效的法律文书，向权利人发放征收补偿款，进行安置补偿。本案中，某市某区重点项目推进管理委员会明知房屋登记所有权人与实际所有权人可能存在不同、房屋权属存有争议的情况下，仍直接与张某、陈某荣签订安置协议，并据此支付征收补偿款，明显不符合征收条例的规定。某产业投资公司主张，二审判决作出后，多次要求某区人民政府进行处理，但某区人民政府至今仍未作出处理。对此，某区人民政府应当根据征收条例的规定，尽快对涉案房屋的征收补偿问题作出处理，实质解决本案行政争议。需要指出的是，某产业投资公司主张其为被征收房屋的所有权人，其也可通过民事诉讼等法定途径，先依法解决涉案房屋的产权归属问题，待产权明确后，再要求某区人民政府给予征收补偿。

综上，裁定驳回某产业投资公司的再审申请。

相关法条

《国有土地上房屋征收与补偿条例》

第二十六条第一款　房屋征收部门与被征收人在征收补偿方案确定的签约期限内达不成补偿协议，或者被征收房屋所有权人不明确的，由房屋征收部门报请作出房屋征收决定的市、县级人民政府依照本条例的规定，按照征收补偿方案作出补偿决定，并在房屋征收范围内予以公告。

07 在不动产未过户的情况下，谁是被征收人

问题提出

不动产未办理过户登记手续，遇到征收，是原有登记人还是实际占有人为被征收人？

法律解答

不动产登记是民法典确立的一项物权制度，是指经权利人或利害关系人申请，由国家专职部门将有关不动产物权及其变动事项记载于不动产登记簿的事实。作为物权公示手段，不动产登记本质上为产生法律效果的事实行为而非登记机关的行政管理行为。《不动产登记暂行条例》于2015年3月1日起实施。通常情况下，行政机关应当以登记于不动产登记簿上的权利人为被征收人进行征收补偿活动。

但在征收中经常遇到名义产权人与实际权利人不一致的情形，实施征收补偿的立法出发点，均是要对实际权利人的合法权益给予充分保护。因此，如果有证据证明，登记于不动产登记簿上的原产权人，出于真实意思表示，已经将不动产转让并交付受让人，受让人实际占有、使用不动产，成为不动产的实际权利人，且征收补偿过程中，原产权人未对被征收的不动产权属提出异议的，征收管理部门以实际权利人为被征收人，与之签订征收补偿安置协议，协议签订主体的确定并不违反法律规定。在征收补偿行政程序完成后，原产权人未通过民事诉讼等法定途径依法确认其对被征收不动产的产权，仅仅以名义产权人身份提起行政诉讼的，实质上与不动产征收的相关行政行为不具有利害关系，没有原告资格。

相关案例

某实业发展公司诉某市人民政府
国有土地上房屋征收决定及征收补偿方案案①

最高人民法院经审查认为，通常情况下，行政机关应当以登记于不动产登记簿上的权利人为被征收人进行征收补偿活动，对征收不动产相关行政行为提起行政诉讼，登记在不动产登记簿上的权利人才具有原告资格。但是，实施征收补偿、给予"利害关系人"原告资格的立法出发点，均是要对实际权利人的合法权益给予充分保护，而不是保护徒有虚名的名义权利人的"权利"，增加诉累，鼓励原产权人在民事活动中出尔反尔。因此，如果有证据证明，登记于不动产登记簿上的原产权人，出于真实意思表示，已经将不动产转让并交付受让人，受让人实际占有、使用不动产，成为不动产的实际权利人，且征收补偿过程中，原产权人未对被征收的不动产权属提出异议的，征收管理部门以实际权利人为被征收人，与之签订征收补偿安置协议，协议签订主体的确定并不违反法律规定。在征收补偿行政程序完成后，原产权人未通过民事诉讼等法定途径依法确认其对被征收不动产的产权，仅仅以名义产权人身份提起行政诉讼的，实质上与不动产征收的相关行政行为不具有利害关系，没有原告资格。本案中，涉案土地、房屋确实一直登记在某实业发展公司名下。但是，某实业发展公司早在1995年就已经将涉案土地、房屋转让给吴某光，吴某光又于次年转让给黎某湛、李某。至2011年6月征收时，某实业发展公司已经丧失对涉案土地、房产的占有、使用、收益等权利16年，且征收过程中，某实业发展公司亦未对涉案土地、房屋提出权属异议。2012年6月，某街道办与实际权利人黎某湛、李某签署补偿协议后，某实业发展公司在未先行对涉案土地、房

---

① 《某实业发展公司、某市人民政府资源行政管理：土地行政管理（土地）再审审查与审判监督行政裁定书》，载中国裁判文书网，https://wenshu.court.gov.cn/website/wenshu/181107ANFZ0BXSK4/index.html? docId = 3d04428126154bbf85e3aa060110be76，2022年6月27日访问。

屋权属问题提起民事诉讼的情况下，在对签订征收补偿协议行为的法律效力问题提起民事诉讼被终审裁定驳回起诉后，又直接对本案征收决定和补偿方案提起行政诉讼，应当不具有原告资格。据此，二审裁定驳回某实业发展公司的起诉，处理结果亦无不当。

综上，裁定驳回某实业发展公司的再审申请。

马某霞诉某区人民政府房屋行政征收案[①]

最高人民法院经审查认为，本案中，马某霞与开发商签订购房合同并支付购房款，购买了案涉房屋并实际居住多年，虽未经登记机关予以产权登记，但在没有证据排除案涉房屋归马某霞实际拥有的情况下，应当认可马某霞对案涉房屋的实际所有者地位。某区人民政府于2017年4月5日作出并公告被诉房屋征收决定，马某霞购买并实际居住多年的案涉房屋位于征收范围内，被诉房屋征收决定将会直接影响马某霞的权利义务。故马某霞与被诉房屋征收决定具有法律上的利害关系，具有提起本案诉讼的原告主体资格。一审法院裁定驳回起诉、二审法院予以维持，属于适用法律错误，依法应予纠正。

综上，裁定本案指令山西省高级人民法院再审。

王某云诉某区人民政府拆除房屋行为违法案[②]

最高人民法院认为，国家征收国有土地上的房屋是要将房屋所有权和土地使用权收归国家所有，征收行为引发的效果是权利人房屋所有权和土地使用权的变化，原则上除房屋所有权人和特定情形下的公房承租人外，其他人与征收行为之间不存在利害关系，人民法院不承认其原告主体资格。但是，强拆房屋

[①] 《马某霞再审审查与审判监督行政裁定书》，载中国裁判文书网，https：//wenshu.court.gov.cn/website/wenshu/181107ANFZ0BXSK4/index.html? docId=8b329d7d90b745d38500aacb01132cb9，2022年6月27日访问。

[②] 《王某云、某区人民政府城乡建设行政管理：房屋拆迁管理（拆迁）再审行政裁定书》，载中国裁判文书网，https：//wenshu.court.gov.cn/website/wenshu/181107ANFZ0BXSK4/index.html? docId=49a5c336a0f1419a9e2eaa1601247082，2022年6月27日访问。

行为是将房屋所有权的客体房屋归于消灭的行为,其影响的范围不仅及于房屋本身,还及于房屋消灭时波及范围中的权利和利益。强制拆除房屋行为不仅会对房屋所有权人的权利造成损害,也有可能对居住其中的人的权利和利益造成损害。这也就要求政府在实施强制拆除房屋行为时,对居住其中的人的权利和利益必须予以考虑,并采取必要措施避免损失发生。具体到本案,再审申请人与侯某全签订了买卖涉案房屋的协议,侯某全已经将涉案房屋交付再审申请人,再审申请人也一直居住在涉案房屋内。再审申请人提起本案诉讼,除主张涉案房屋被拆除外,还主张强拆行为给其带来了屋内物品损失。无论再审申请人是否享有涉案房屋的所有权,都会存在利益遭受侵害的可能,即再审申请人有合法利益可能会在被申请人实施的强制拆除行为中遭受侵害。因此,基于再审申请人合法利益可能会被强拆行为侵害的可能性,应当承认再审申请人与强拆行为之间具有利害关系。

综上,一审、二审法院否认再审申请人与被申请人强制拆除房屋行为之间的利害关系,裁定驳回起诉和上诉,不正确,依法应予撤销。河南省商丘市中级人民法院应当就王某云是否符合法定起诉条件以及被诉拆除房屋行为是否合法继续进行审理。裁定指令河南省商丘市中级人民法院继续审理本案。

相关法条

《最高人民法院关于人民法院民事执行中查封、扣押、冻结财产的规定》

第十七条 被执行人购买需要办理过户登记的第三人的财产,已经支付部分或者全部价款并实际占有该财产,虽未办理产权过户登记手续,但申请执行人已向第三人支付剩余价款或者第三人同意剩余价款从该财产变价款中优先支付的,人民法院可以查封、扣押、冻结。

《最高人民法院关于人民法院办理执行异议和复议案件若干问题的规定》

第二十八条 金钱债权执行中,买受人对登记在被执行人名下的不动产提出异议,符合下列情形且其权利能够排除执行的,人民法院应予支持:

（一）在人民法院查封之前已签订合法有效的书面买卖合同；（二）在人民法院查封之前已合法占有该不动产；（三）已支付全部价款，或者已按照合同约定支付部分价款且将剩余价款按照人民法院的要求交付执行；（四）非因买受人自身原因未办理过户登记。

08 承租人是否享有被征收人的权利

问题提出

作为承租人在征收拆迁过程中会遭遇损失是不争的事实，但征收条例为什么将承租人权利、权益排除在规定之外？

法律解答

征收导致所有权的丧失，从法律关系上讲，给予补偿的应当是被征收房屋所有权人，而不应对承租人补偿。但实践中承租情况较复杂，承租人分为公房承租人和私房承租人。私房承租是私有房屋所有权人和承租人之间形成的民事法律关系。民法典第五百六十三条规定，因不可抗力致使不能实现合同目的的，当事人可以解除合同，国家征收导致租赁合同无法履行的，作为出租人的被征收人对租赁关系享有法定的单方解除权，可以直接根据民法典第五百六十五条规定通知承租人解除合同，自通知到达承租人时合同即解除。在因征收不能实现合同目的的情形下，对承租人如何进行补偿，可以在租赁合同中约定。综合上述情况，征收条例没有对承租人的补偿作出规定。

但在征收条例实施之前，房屋的承租人是拆迁过程中具有独立资格的主体，承租人可以要求拆迁主体支付搬迁补助费、停产停业损失等。如果拆迁人避开承租人与被拆迁人签订补偿安置协议的过程中"忽略"了该部分款项，承租人直接向其主张权利是可行的。征收条例第二十三条规定，对因征收房屋造成停产停业损失的补偿，根据房屋被征收前的效益、停产停业期限等因素确定。具体办法由省、自治区、直辖市制定。也就是说，因征收造成的搬迁、临时安置的补偿以及停产、停业的损失，确实应当补偿，但房屋征收人的补偿对象都统一指向被征收人，这是因为与征收人产生法律关系的对象为被征收人，而房屋承租人的权利保障则主要依赖于与出租人之间签订的租赁合同。因此，如果承租人与被征收人对停产停业损失、对承租屋的添附补偿协商不成，可以通过民事诉讼途径解决。但如果征收人在补偿协议中没有涉及该部分补偿，可以单独提起行政诉讼。

相关案例

某股份公司与某省人民政府行政复议案[①]

2003年11月28日，某销售服务公司和某股份公司签订汽车展场租赁合同，租赁某股份公司5292平方米的汽车展场。2018年7月30日，某市人民政府作出〔2018〕60号决定，依法收回登记在某股份公司名下面积49895.10平方米国有土地使用权，注销（2004）字第0151号国有土地登记，收回（2004）字第0151号《国有土地使用证》。某销售服务公司不服，于2018年9月25日向某省人民政府申请行政复议。某省人民政府于2018年10月30日作出被诉行政复议决定，认为某销售服务公司的行政复议申请不符合法定受理条件，驳回某销售服务公司的行政复议申请。

郑州铁路运输中级法院一审判决驳回某销售服务公司的诉讼请求。某销售服务公司不服一审判决，向河南省高级人民法院提起上诉。

河南省高级人民法院二审判决某省人民政府在本判决生效后60日内重新作出行政复议决定。

---

① 《某股份公司、某销售服务公司再审审查与审判监督行政裁定书》，载中国裁判文书网，https://wenshu.court.gov.cn/website/wenshu/181107ANFZ0BXSK4/index.html?docId=468090d82e6b494f9a40ab2100ff79fd，2022年6月27日访问。

最高人民法院经审查认为，某市人民政府作出的〔2018〕60号决定属于收回国有土地使用权的行政行为，收回的是本案再审申请人某股份公司的国有土地使用权。某销售服务公司与某股份公司签订《汽车展场租赁合同》，与某股份公司形成的是租赁关系。故某销售服务公司作为汽车展场的承租人，与〔2018〕60号决定之间没有法律上的利害关系，某省人民政府认为某销售服务公司的复议申请不符合法定受理条件，驳回其行政复议申请，符合法律规定。一审法院驳回某销售服务公司的诉讼请求，处理并无不当；二审法院撤销一审判决及某省人民政府的复议决定，并责令某省人民政府重新作出行政复议决定，适用法律错误，依法应予纠正。

综上，裁定本案指令河南省高级人民法院再审。

某建材零售店与某区人民政府房屋行政征收案[①]

最高人民法院认为，本案中，再审申请人原审诉求系请求撤销某区人民政府作出的《某村城中村改造项目房屋征收决定》。根据征收条例第十四条规定，被征收人对征收决定不服的，可以提起行政诉讼。司法实践中，针对房屋征收决定提起行政诉讼的原告通常为被征收房屋的所有权人，同时一些政策性公房租赁人作为利害关系人亦可给予相应诉权。但对于普通民事法律关系的承租人而言，一般无权对涉案项目行政征收行为本身施加不必要的影响，其相关民事权益宜通过向民事出租人提出主张而实现。当然，由于后续补偿决定依照安置补偿方案如果包含企业停产停业损失的行政补偿，则对于行政补偿行为可以考虑给予营业性租赁人相应的诉权。本案中，再审申请人自认其系涉案征收房屋的承租户，原审法院不认可其针对征收决定的原告主体资格，并无明显不当。在后续补偿环节，按照征收条例第二条、第十七条之规定，行政补偿及于

[①] 《某建材零售店、某区人民政府再审审查与审判监督行政裁定书》，载中国裁判文书网，https://wenshu.court.gov.cn/website/wenshu/181107ANFZ0BXSK4/index.html? docId = 35f0dca975284d63b9d0ab0d00c1747f，2022年6月27日访问。

被征收人。再审申请人如果因承租房屋被征收而遭受损失,应由房屋所有权人依照租赁合同进行补偿,如发生争议通常属于民事纠纷范畴,应由租赁双方通过民事诉讼等途径来解决。但不排除特定情形下依照上述条例第二十三条有关停产停业损失的规定主张行政法上的合法权益。因此,一审法院裁定驳回某建材零售店的起诉,二审法院裁定驳回上诉、维持原裁定,并无不当。

综上,裁定驳回再审申请人某建材零售店的再审申请。

欧某才与某镇人民政府拆除房屋行政强制执行案①

2014年8月12日,欧某才与转租人张某书签订《商铺租赁合同》,约定张某书将涉案商铺出租给欧某才作商业经营使用,租赁期限为2014年9月1日至2019年9月1日。2016年10月31日,某镇人民政府与房屋所有权人胡某洪签订《某村房屋征收补偿安置协议》,就其所有房屋达成补偿安置协议。2017年1月12日,某镇人民政府与胡某洪签订《房屋交接协议》,约定胡某洪将上述《某村房屋征收补偿安置协议》项下的被征收房屋移交给新造镇政府处置。〔2017〕58号文批准同意将某村、某1村的集体土地收为国有土地。2017年3月6日,〔2017〕27号、28号、29号《征收土地公告》,公告《征收土地方案》《征地补偿安置方案》。2017年3月30日,征地拆迁建设指挥部征地拆迁组第6小组向被征收房屋的承租人欧某才发出通知,称根据《某村房屋征收补偿安置协议》约定,业主交屋期限已到,某镇人民政府将收回房屋,特通知其限期腾空房屋。涉案房屋所在区域在2017年6月完成拆除。

广州铁路运输中级法院(2017)粤71行初440号行政裁定认为,欧某才所诉租赁房屋的拆除行为,是在收回土地、房屋所有权后进行的拆迁行为,其相对人应为集体土地房屋的所有权人。欧某才作为承租人,不能对拆除涉案房

---

① 《欧某才、某区人民政府城乡建设行政管理:房屋拆迁管理(拆迁)再审行政裁定书》,载中国裁判文书网,https://wenshu.court.gov.cn/website/wenshu/181107ANFZ0BXSK4/index.html? docId = 3e57a2ce549d478b8fbcab230113eb98,2022年6月27日访问。

屋的行为提起行政诉讼。裁定驳回欧某才的起诉。

欧某才不服，提起上诉。广东省高级人民法院（2018）粤行终751号行政裁定驳回上诉，维持原裁定。

最高人民法院经审查认为，行政诉讼法第二十五条第一款规定，行政行为的相对人以及其他与行政行为有利害关系的公民、法人或者其他组织，有权提起诉讼。也就是说，只要与被诉行政行为有利害关系，就应当具有原告资格。所谓"有利害关系"，是指被诉行政行为有可能对起诉人的权利义务造成区别于其他人的特别损害或者不利影响。房屋征收案件中，若承租人在被征收的房屋上有不可分割的添附或依法独立在其承租房屋开展经营活动，强制拆除房屋行为就有可能对承租人在房屋上的添附、承租人屋内物品或其正当行使的经营权造成不同于其他人的特别损害或不利影响，应当认为承租人与该行政行为有利害关系，具有原告资格。本案中，欧某才提起行政诉讼，请求确认拆除其租赁房屋的行为违法，其提供了承租房屋进行装修、用于经营活动的初步证据材料，证明某区人民政府实施的强制拆除租用房屋行为，可能侵犯欧某才的合法财产权益，欧某才与被诉的拆除行为有利害关系，具有本案原告资格。一、二审裁定认为欧某才与被诉拆除房屋强制执行行为没有利害关系，不具有原告资格，属于适用法律错误，本院予以纠正。

综上，裁定指令广州铁路运输中级法院继续审理本案。

黄某兴与某县人民政府不履行行政协议案[①]

最高人民法院经审查认为，征收条例第二条规定，为了公共利益的需要，征收国有土地上单位、个人的房屋，应当对被征收房屋所有权人给予公平补偿，在国有土地上房屋征收案件中的行政相对人是房屋所有权人，因此房屋所有权人才是房屋征收补偿的对象，故黄某兴作为承租人不能按照上述法规进行

[①] 《黄某兴再审审查与审判监督行政裁定书》，载中国裁判文书网，https：//wenshu.court.gov.cn/website/wenshu/181107ANFZ0BXSK4/index.html？docId=100ce99324294f89af63ab3401151cc4，2022年6月27日访问。

补偿。某县人民政府在查清事实后认定黄某兴不属于安置补偿对象不继续履行该协议的行为，并未违反法律、法规的规定。但是，黄某兴作为享受破产企业产权房租赁权的承租人，对被征收的破产企业产权房或国有单位产权房实际上享有以低于市场价格占用、使用的权利，这种权利是由于企业破产或其他历史原因形成的，是一种合法的、具有社会保障性质的权利，完全不同于平等主体之间的房屋租赁关系。涉案房屋的征收关系到黄某兴的基本生活生存条件，且对其依法享受的低价租赁房屋的社会福利权利将会产生现实的、直接的影响，因此当黄某兴承租的房屋被征收时，征收单位须切实维护好黄某兴的合法权益，保障其住房生活水平不降低。

本案中，某县人民政府进行棚户区改造时在原址建起了保障房，黄某兴也以1300元/平方米的较低价格购买了120平方米的房屋，应当认定某县人民政府已经保障了黄某兴享有的特殊居住权利，并且住房条件有所改善。黄某兴在其居住权利已被保障的情况下，仍然要求某县人民政府按照完整产权的标准向其支付安置补偿款，缺乏事实和法律依据，不应予以支持。一、二审虽然未查清黄某兴的基本住房权益是否已经得到保障，遗漏了应当查明的重要事实，但判决结果并无不当，应予维持。

综上，裁定驳回黄某兴的再审申请。

相关法条

《国有土地上房屋征收与补偿条例》

第十七条 作出房屋征收决定的市、县级人民政府对被征收人给予的补偿包括：

（一）被征收房屋价值的补偿；

（二）因征收房屋造成的搬迁、临时安置的补偿；

（三）因征收房屋造成的停产停业损失的补偿。

市、县级人民政府应当制定补助和奖励办法，对被征收人给予补助和奖励。

09 公房承租人是被征收人

问题提出

承租人不具有被征收人的权利,为什么公房承租人就可以作为"被征收人"对待?

法律解答

从法律上讲,征收条例应当只适用于被征收房屋所有权人,但这并不意味着对因历史原因形成的公房承租人的合法权益有所忽视,而是要区分不同情况,既依法维护好其合法权益,又符合法律的基本精神。实践中承租情况较复杂,承租人分为公房承租人和私房承租人。公房分为政府直管公房和单位自管公房。政府直管公房由于所有权本就属于政府,理应不属于征收条例适用范围。

但由于公房承租是历史原因形成的,关系到承租人的基本生活生存条件,当其承租的房屋被征收时,必须切实维护好这部分人的合法权益。从实践情况看,为了保障公房承租人生活水平不降低,各地采取了先房改再拆迁等多种措施,对公房承租人的权益予以保护,这样做是合适的,是以人为本的。考虑到实践中各地公房情况不同,形成的历史原因不同,各地政府对承租人的保护政策也不同,对公房承租人的补偿问题,难以在全国层面上作出统一规定,征收条例没有统一规定,由各地政府根据实际情况制定有关政策为宜。

相关案例

陈某与某区人民政府房屋行政征收案[1]

2016年5月20日，某区人民政府作出2号征收决定，征收范围为某区某洞55号、56号及某塔45号房屋。涉案被征收房屋产权人原为某建筑材料工业总公司，一审第三人刘某彬分得该住宅房屋，取得该房屋的承租使用权。2000年5月12日，〔2000〕18号文件，将原某建筑材料工业总公司调整为某市经济委员会内设的建材行业管理处。2007年3月5日，某市级机关公房管理处住宅管理所、某市经济委员会公布涉案房屋具体的住户资料，通知有异议的住户带上相关有效资料到某市公房管理处住宅管理所更正，当时公布的职工房屋分配名单中，涉案房屋住户为刘某彬。2008年1月22日，某市经济委员会将该房屋的产权移交某市公房管理处住宅管理所。陈某与刘某彬原系夫妻，共同居住在该房屋内。2009年6月11日，陈某与刘某彬离婚，双方在离婚协议中对承租使用的涉案房屋进行了使用权分配，其中前间分割给陈某，后间分割给刘某彬。其后，陈某、刘某彬分别向某市公房管理处住宅管理所缴纳了该房屋的租金，该所分别开具了发票，但因涉案房屋属于无法分割的自然开间，不能分户签订租赁协议，故陈某、刘某彬均未与某市公房管理处住宅管理所办理房屋租赁手续。

重庆市第五中级人民法院作出（2016）渝05行初327号行政裁定，驳回陈某的起诉。

陈某不服上述一审行政裁定，提起上诉。重庆市高级人民法院二审裁定驳回上诉，维持一审裁定。

最高人民法院认为，本案证据材料显示，案涉房屋是由某市公房管理处经

---

[1] 《陈某、某区人民政府再审行政裁定书》，载中国裁判文书网，https://wenshu.court.gov.cn/website/wenshu/181107ANFZ0BXSK4/index.html?docId=7021e784db74405ca289aace00de4111，2022年6月27日访问。

营和管理的公有房屋，某市公房管理处认可一审第三人刘某彬是该房的公房承租人。陈某与一审第三人刘某彬于1980年结婚，婚后与刘某彬共同居住在案涉公房内。2009年6月，陈某与刘某彬离婚，离婚时，二人协议分割了案涉公房的使用权，前间由陈某居住，后间由刘某彬居住。此后，陈某一直单独向某市公房管理处住宅管理所缴纳案涉公房前间的房租，某市公房管理处住宅管理所亦向陈某个人开具租用房屋发票，直至案涉房屋征收项目于2016年启动后，某市公房管理处住宅管理所不再向其收取案涉房屋的房租。根据上述事实，应当认定陈某因正当事由而取得案涉公房的使用权，并与某市公房管理处建立了事实上的公房租赁关系。基于此，陈某与本案被诉2号征收决定具有利害关系，其对被诉2号征收决定不服依法有权提起行政诉讼。

综上，裁定指令重庆市第五中级人民法院审理本案。

李某秀等与某区人民政府房屋征收决定案①

2015年8月20日，某区人民政府作出〔2015〕5号《房屋征收决定》，并发布了《某区人民政府关于某机床厂及周边零星地块棚改项目房屋征收决定的公告》。

最高人民法院经审查认为，一般而言，房屋承租人与征收行为没有利害关系，不具有行政诉讼原告主体资格。本案中，李某秀等十六人申请再审主张其是早期长沙机床厂自建福利分房的合法住户。现未取得房产证，是由于政府职能部门没有按照长沙市人民政府办公厅《关于市属国有企业改革若干问题的补充意见》的规定履行法定职责，属于历史遗留问题。国有企业投资兴建、自行管理的自管公房的承租人，实际系福利分房的享有者，不等同于普通的承租人，其与征收行为之间具有利害关系。原裁定认为李某秀等十六人与被诉

---

① 《李某秀、龚某洋再审审查与审判监督行政裁定书》，载中国裁判文书网，https://wenshu.court.gov.cn/website/wenshu/181107ANFZ0BXSK4/index.html?docId=615460b0e61e4f228be0a8aa01537616，2022年6月27日访问。

《房屋征收决定》不具有法律上利害关系,适用法律错误,本院予以纠正。虽然本案李某秀等十六人具有原告主体资格,但〔2015〕5号《房屋征收决定》已为发生法律效力的(2017)湘行终450号行政判决确认了合法性。本案李某秀等十六人关于确认〔2015〕5号《房屋征收决定》违法并撤销该决定的诉讼请求应受生效裁判所羁束。此种情形下,本案已无通过启动审判监督程序重复审查的必要,以免徒增当事人的诉累,故本案不予再审。裁定驳回李某秀等的再审申请。

相关法条

《国有土地上房屋征收与补偿条例》

第二条 为了公共利益的需要,征收国有土地上单位、个人的房屋,应当对被征收房屋所有权人(以下称被征收人)给予公平补偿。

10 参与征收动迁工作各主体的法律关系

问题提出

征收实务中,参与征收动迁工作的人之间有什么法律关系?

法律解答

根据征收条例的规定,设区的市及其所辖区的人民政府都有房屋征收权。这两级人民政府在征收权限划分上,各自承担职责原则上由设区的市人民政府确定。从有利于征收行为有效实施的角度出发,房屋征收权由区级人民政府行使较为适宜,这有利于强化属地管理责任,在纠纷发生后,可以依法、及时、就地解决,在节约成本的同时,维护被征收人的合法权益。区级人民政府行使征收权的,设区的市人民政府应当明确市、区两级人民政府在房屋征收权方面的职责分工，并切实履行好监督职责。

房屋征收是一个系统工程，涉及诸多方面的工作，需要政府相关部门的互相配合。例如，征收补偿中的有关工作涉及发展改革、财政等综合部门；土地使用权手续的办理，涉及土地行政主管部门；暂停办理相关手续，涉及规划、建设、房地产以及市场监管、税务等行政主管部门；文物古迹保护，涉及文物行政主管部门；非住宅房屋认定，涉及市场监管、税务等行政主管部门。政府有关部门应当依照征收条例的规定和本级人民政府规定的职责分工，相互配合、相互协调，保障房屋征收工作的顺利进行。

房屋征收是政府行为，房屋征收与补偿的主体应当是政府。房屋征收与以前的房屋拆迁不同，房屋征收决定、补偿决定、申请人民法院强制执行都将以政府名义作出。鉴于我国对房地产实行属地化管理原则，房屋征收与补偿工作量大面广，情况复杂，涉及被征收人的切身利益以及地方经济发展和社会稳定，以地方人民政府设立或者确定一个专门的部门负责房屋征收补偿工作为宜。同时，考虑到目前地方机构设置和职能分工不同，征收条例规定市、县级人民政府确定一个房屋征收部门具体负责房屋征收的组织实施工作。房屋征收部门的设置可以有以下两种形式：一是市、县级人民政府设立专门的房屋征收部门；二是在现有的部门（如房地产管理部门、建设主管部门）中，确定一个部门作为房屋征收部门。

相关案例

某市人民政府与史某梅履行约定给付义务案[1]

史某梅（乙方）与某街道办（甲方）签订《某集贸市场拆除补偿安置协议》。该补偿安置协议载明："依据市区总体建设规划和城市建设需要，某市

---

[1] 《某市人民政府、史某梅城乡建设行政管理：房屋拆迁管理（拆迁）二审行政判决书》，载中国裁判文书网，https://wenshu.court.gov.cn/website/wenshu/181107ANFZ0BXSK4/index.html?docId=dc4e1bc06f3648938e83aa7b0127cd51，2022年6月27日访问。

将于2013年打通氾河路,某集贸市场必须进行拆除。依据《某集贸市场拆除补偿安置方案》,经甲、乙双方协商签订如下协议……二、拆除补偿安置方式……2. 异地续租:即按1∶1置换的原则在新建市场进行异地置换,继续租赁。置换面积上下浮动不超过5%(以每平方米3000元标准找补)……三、新集贸市场:结合我市西北片区城市规划要求,选址定为某路交叉口东南角,于2014年12月31日前建成并投入使用……七、奖励措施……2. 新市场建成后,依据签订协议的顺序编号和现有房屋位置以及市场整体布局进行分配……"2014年12月20日,某街道办向市场商铺业主发布通告,称"……截至目前,经过某街道办大量的前期准备工作,新市场建设已开始进行设计,同时正在办理土地、规划等相关手续及项目申报工作,预计2015年6月30日前投入使用。经研究,因超过安置期限对商铺业主造成的损失予以拆迁安置补偿协议外再增加一年租期的补偿,请广大商铺业主积极配合,共同推进市场建设"。至2015年6月30日,新建市场仍未交付使用。2018年11月26日,某街道办作出《某集贸市场处置方案》,对"处理方案及流程"等内容重新作出规定,但未明确新建市场投入使用时间。至今,新建市场仍未交付使用。

2018年10月31日,某市人民政府作出某〔2018〕35号市长办公会议纪要(《某市人民政府关于某集贸市场有关问题的会议纪要》),其中"关于某集贸市场历史遗留问题处理"部分载明,"历史遗留问题的处理,原则同意索河街道办提出的《方案一》……某街道办要按照会议提出的意见建议,对《方案一》进行充分的修改完善"。此外,该会议纪要"成立领导小组"部分,还载明"某市人民政府成立专门的工作组,各有关职能部门任成员,具体负责新旧某集贸市场的有关问题"。某市场商铺相关业主曾就"某集贸市场118户拆迁问题"进行信访,主要诉求是"某集贸市场拆迁后新市场已建成,要求尽快兑现商铺,按所签协议规定给予补偿,并尽快搬入新建市场"。某街道办对此作出《信访事项处理意见书》,称"根据多方讨论和律师意见,某街道办已制订出该问题的处理方案及流程上报市政府研究,待市政府研究批准后依法严格按方案规定进行处理"。

一审法院判决某市人民政府自2015年7月1日至实际安置补偿史某梅之日向史某梅承担超过安置期限一年于《补偿安置协议》外再增加一年租期的赔偿责任。

上诉人某市人民政府不服一审判决，提起上诉。

二审法院认为，（1）关于某市人民政府是否应当承担违约责任的问题。涉案某集贸市场拆除及重建的工作，涉及个人的重大财产权，最低应由县级政府组织实施，这样有利于推进该项工作的顺利进行，有利于保护公民权利，也更符合物权法的基本精神。根据某市人民政府〔2006〕18号、〔2013〕14号、〔2018〕35号会议纪要，涉案某集贸市场拆除及重建的决策者、组织者是某市人民政府，根据某街道办在二审庭审中的陈述，该项目的投入资金也来自市财政。涉案项目的拆除、重建，需要规划、土地、办事处等部门各司其职、密切配合，并且需要庞大的资金支持，不是某一个部门能够单独完成的。本案中，某街道办所签订的补偿安置协议，不过是整体组织实施行为的一个环节或结果，是在某市人民政府的行政命令或行政委托下进行的，贯彻的仍然是组织实施者的意志，其所引起的后果也即违约责任，应由委托人即某市人民政府承担。这一点与民事合同中的相对性截然不同，因为民事平等主体之间没有层级监督，不可能存在强制命令和不得不服从的问题，平等主体之间平等、自愿协商，合同约定的权利义务具有相对封闭的相对性，与行政协议中明显带有层级监督、行政命令等相对开放的相对性相比，有根本的区别，故民事合同中的相对性约束在行政协议中并不完全适用。

（2）关于是否应当交付协议约定的房屋问题。被上诉人一审请求按照约定交付房屋，一审法院认为"虽市场主体及外围施工完工，但计划、环保、土地、规划、建设等各项手续不完善"，交房存在客观上的障碍和阻却事由，对上述理由本院予以认可。除此之外，某市人民政府还陈述由于安置房屋的结构、面积、位置等方面的差异，造成房屋的市场价值差异巨大，安置房屋可能造成被安置户之间利益的显著差别，并进而引起各种矛盾，安置房屋存在现实上的困难。对此，尚需要在安置过程中进行调查和裁量，更需要通过其他法定程序进行核查、确定，故本院对这一争议也暂时搁置，可等待事态进一步明朗后，根据利害关系人的选择，再作出最终处理。基于此，关于是否交付房屋的问题，本院认可一审判决的结论。

（3）关于被上诉人权益的合法性及补偿安置协议是否部分无效的问题。某市人民政府上诉称购房合同无效，因此被上诉人不具有合法权益，也因此补偿安置协议不应履行。对此，无论购房协议是否有效，被上诉人的利益已经通过补偿安置协议予以确定，其原有的利益不管是客观利益还是合法权益，都被新的约定权利所替代，只要补偿安置协议有效，某市人民政府就应当履行该协议，故某市人民政府的该上诉理由不能成立。关于补偿安置协议中约定租赁期限超过20年部分是否有效的问题，由于本案属于拆迁安置，租赁不过是安置利益的表现形式，不属于合同法规范下的租赁合同，故不应当适用合同法中关于租赁期限不能超过20年的强制规定，涉案补偿安置协议中对租赁期限的约定应为有效。

综上，判决驳回上诉，维持一审判决。

朱某云等诉某区人民政府不履行安置职责案[①]

浙江省绍兴市中级人民法院一审作出（2017）浙06行初197号行政裁定：驳回朱某云、李某仙的起诉。朱某云、李某仙不服，提起上诉。

浙江省高级人民法院二审裁定驳回上诉，维持原裁定。

最高人民法院认为，实践中，考虑到土地征收与补偿工作的复杂性，市、县人民政府可以规范性文件或者征地公告方案的方式，委托乡（镇）人民政

[①] 《朱某云、李某仙城乡建设行政管理：房屋拆迁管理（拆迁）再审行政裁定书》，载中国裁判文书网，https：//wenshu.court.gov.cn/website/wenshu/181107ANFZ0BXSK4/index.html？docId = 4f71fbbd03db4741b59baba600c3495b，2022年6月27日访问。

府、区（县）街道办、区（县）征地事务机构或公司等主体参与征收与补偿相关工作，人民法院通常应予尊重；但不能认为此类主体因此即成为补偿安置的法定义务主体，也不能认为其实际取得了独立实施补偿安置的行政主体资格，更不能认为市、县人民政府及土地管理部门即因此免除了法定的补偿安置义务，而是应当遵循职权法定原则和《最高人民法院关于适用〈中华人民共和国行政诉讼法〉的解释》规定精神，将此类主体视为接受市、县人民政府等委托从事具体的补偿安置事宜。受托主体在受委托的行政权限范围内实施的补偿安置行为，应当视为委托人行使法定职权的活动，应当由委托人承担行政法律责任。在此前提下，要注意甄别、区分受托主体基于行政委托所实施的行为与基于其自主意识所实施的行为。特别是在强制执行领域，后者既可能构成行政委托范围外的其他行政行为，也可能构成民事行为甚至刑事犯罪行为。因此，人民法院既要防止泛化行政委托关系而使受托主体不加区别地成为行政法律责任主体；更要防止无视行政委托权限、突破行政征收活动的公法关系定性，违法阻断受托主体与委托人在行政委托范围内的法律联系，将受托主体的相关公法行为不当导入私法框架予以评判。

本案中，某区人民政府系法定的补偿安置主体，其发布的《拆迁公告》虽然将有关补偿安置工作委托给某建设公司、某街道办、某村负责实施，但不能据此否定其对受托主体实施补偿安置工作的责任主体地位；在受托主体无法与被征收人达成补偿协议的情形下，特别是在上述《拆迁公告》《某村改造高层集聚安置补偿实施办法（试行）》和相关方案中并未设定解纷机制，明确在无法达成协议时被征收人可向谁去主张补偿、可采取何种方式寻求救济的情形下，更不能免除某区人民政府对被征收人的补偿安置法定职责。该人民政府在原审期间的抗辩理由强调《拆迁公告》已规定由某建设公司等第三人实施补偿，故其作为本案被告不适格。这一主张，于法无据，于理不符，既不利于被征收人合法权益的保护，体现责任政府应有的担当，也不利于在征收拆迁工作中形成预防和化解矛盾的有效机制。

本案中，某区人民政府作出的《朱某云户拆迁安置方案》虽然也冠之以"安置方案"的名称，但却显然有别于法律所指的补偿、安置方案。首先，从制作主体上看，该拆迁安置方案系由某建设公司作出，而非由法定的市、县人民政府及其土地行政主管部门作出；其次，拆迁安置方案针对的对象是朱某云户，而非面向整个征收范围内的被征收人；最后，从内容上看，该拆迁安置方案提出的是针对朱某云户的具体补偿措施，而非一般意义上的补偿标准。因此，涉案《朱某云户拆迁安置方案》不能等同于通常意义上的面向所有被征收人发布的补偿、安置方案。对该拆迁安置方案之争议，亦不能以系补偿标准争议为由，而依《中华人民共和国土地管理法实施条例》规定，要求经人民政府协调后由人民政府裁决。

除此之外，该拆迁安置方案同样也不能等同于实践中一些地方人民政府在协商无果后作出的补偿安置决定。行政行为应当具有公定力、确定力和执行力。《朱某云户拆迁安置方案》虽然涉及房屋补偿金额的具体计算、认定，但内容仍主要是提出对涉案房屋拟采取的安置措施，带有协商性质，并不是一个由法定主体作出的对当事人产生行政法上拘束力的、可供执行的行政决定。因此，即使从行政委托关系的角度考量，以某建设公司名义作出的该份《朱某云户拆迁安置方案》也不能视为某区人民政府已对朱某云户实施了补偿安置行为。

根据行政行为的启动机制的不同，可将其区分为依职权和依申请行政行为，前者行政机关根据其法定职权应主动作出，后者则是应行政相对人的申请而作出。行政诉讼法第三十八条第一款规定，在起诉被告不履行法定职责的案件中，原告应当提供其向被告提出申请的证据。该条文涉及的行政行为应当是指依申请的行政行为。具体到集体土地征收与补偿，确立了市、县人民政府及其土地管理部门在代表国家负责征收与补偿安置工作中的具体职责。市、县人民政府作为一级政府，有权代表国家组织实施征收，也负有确保被征收人通过签订协议或者以补偿决定等方式获得公平补偿的义务。从相关法律规定上看，并未将被征收人获得补偿安置的程序设定为一种依行政相对人申请才能启动的程序。进一步讲，市、县人民政府在组织实施征收补偿过程中，应当积极主动履行补偿义务，以使行政相对人及时获得公平补偿。在与被征收人达不成补偿协议的情况下，市、县人民政府或其土地管理部门依法应当及时以书面形式作出补偿安置决定或者以行为的方式直接履行补偿安置职责。否则，被征收人可以依法请求市、县人民政府或其土地管理部门依法履行补偿安置职责。本案中，在组织实施的土地征收中，朱某云、李某仙对于其房屋依法享有获得补偿安置的权利，某区人民政府作为征收补偿实施主体，依法负有对朱某云、李某仙进行补偿安置的法定职责，应当依其职权及时主动履行，在未能与朱某云、李某仙达成安置补偿协议、未给予行政补偿且强拆行为被确认违法之背景下，针对朱某云、李某仙相对明确的补偿诉求，原审法院将某区人民政府本应当依职权履行的补偿安置义务定性为依申请方能履行的职责，将此一般性职责仅因朱某云、李某仙"在原审及二审期间均明确表示"而界定为"系调整拆迁补偿方案的法定职责"，明显具有偏颇性、局限性，由此裁定驳回朱某云、李某仙的起诉，存在适用法律错误。原审法院在补偿安置协议难以达成时，市、县人民政府能否主动推进相关行政程序、履行补偿安置职责方面，没有起到应有的司法监督作用。

本案触及的另一个救济程序问题亦当明确。根据再审期间法院了解的相关事实，在朱某云、李某仙起诉街道办强制拆除违法的另案中，某区人民法院作出的（2018）浙0602行初40号行政判决，已经确认某街道办于2017年1月15日强制拆除涉案房屋的行为违法。根据国家赔偿法和行政诉讼法的有关规定，朱某云、李某仙有权依法向某街道办申请行政（国家）赔偿。但朱某云、李某仙并未以某街道办为赔偿义务机关申请行政赔偿，而是以某区人民政府为被告提起本案行政补偿之诉。在如何看待行政赔偿与行政补偿关系上，前者针对的是因实施行政强制事实行为所造成的损失，通常包括有确切证据证明因不法侵害所造成的动产损失、人身损害，也包括被执行人按照有关征收拆迁安置政策、法规前期应当得到却未能补偿到位的不动产损失（此部分损失的性质自违法时起转化为赔偿）。后者仅指按照有关征收拆迁安置政策、法规应当给予的各项补偿。承担此种补偿义务的行政机关一般情形下会与赔偿义务机关竞合，特定情形下则可能出现分离（但赔偿主体都是国家）。结合本案事实看，城南街道办作为越城区政府通过《拆迁公告》确定的受理和承办拆迁事务的单位之一，权力来源性质应视为委托而非授权，其基于自身名义和自主意识所实施的强制行为被确认违法，即便朱某云、李某仙不向赔偿义务机关提出行政赔偿申请，亦不足以排斥越城区政府自身在推进此项工作中应当承担的行政补偿义务。特别是本案中的相关拆迁政策和规程均未设定解纷机制，也没有土地管理部门的参与，某街道办仅是某区人民政府的派出机关，本身无权作出具有确定力、羁束力和执行力的补偿决定。因此，由某区人民政府依法直接承担补偿义务于法有据，并无不妥。且即便该人民政府履行完毕补偿义务之后，亦不能从法律上完全免除某街道办的行政赔偿责任。如果朱某云、李某仙另案以城南街道办为被告提起行政赔偿诉讼，本案补偿项宜从赔偿项中予以扣除。

综上，朱某云、李某仙的补偿安置权益应当得到尊重，某区人民政府的补偿安置义务应当通过适当方式积极履行。在各方无法达成补偿安置协议，又无法定主体作出补偿决定，也无生效裁判解决补偿问题的情形下，朱某云、李某仙起诉要求某区人民政府就被征收房屋履行补偿安置法定职责，符合法定起诉条件。一、二审法院裁定驳回朱某云、李某仙的起诉及上诉不当，依法应予撤销。浙江省绍兴市中级人民法院应当就某区人民政府是否应当履行补偿安置职责继续进行审理。据此，裁定指令浙江省绍兴市中级人民法院继续审理本案。

相关法条

《国有土地上房屋征收与补偿条例》

第四条 市、县级人民政府负责本行政区域的房屋征收与补偿工作。

市、县级人民政府确定的房屋征收部门（以下称房屋征收部门）组织实施本行政区域的房屋征收与补偿工作。

市、县级人民政府有关部门应当依照本条例的规定和本级人民政府规定的职责分工,互相配合,保障房屋征收与补偿工作的顺利进行。

11 被征收人如何确定行政诉讼的适格被告

问题提出

被征收人对房屋征收部门在组织实施房屋征收与补偿工作过程中作出的行政行为不服,提起行政诉讼的,谁是适格的被告?

法律解答

2011年征收条例实施后,规定房屋征收是政府行为,房屋征收与补偿的主体是市、县级人民政府,但在房屋征收与补偿的具体实施过程中,仍应当遵循"谁实施、谁负责"的原则。这是因为房屋征收与补偿工作量大面广,情况复杂,涉及被征收人的切身利益以及地方经济发展和社会稳定,客观上需要地方人民政府设立或者确定一个专门的部门负责房屋征收补偿工作。而既然存在专门负责征收补偿工作的部门,在被征收人对具体实施的征收补偿工作不服提起诉讼时就不应当再以市、县级人民政府为被告。

根据房屋征收补偿工作中不同阶段的责任主体,行政诉讼中的被告可以作如下区分:被征收人对房屋征收决定、人民政府依法作出的房屋征收补偿决定不服提起诉讼的,应当以作出该决定的市、县级人民政府为被告;被征收人对征收补偿协议不服的,应当以与其签订协议的房屋征收部门为被告;被征收人对征收补偿过程中的强制拆迁、强制搬迁等行为不服的,应当以具体组织实施征收补偿工作的房屋征收部门为被告。

相关案例

某县人民政府与杨某成行政强制拆除案[①]

2017年1月21日，某县人民政府作出《关于对12号棚户区杨某成房屋征收补偿的决定》。2017年5月23日，某县城市大建设及棚户区改造指挥部办公室工作人员安排施工人员将涉案房屋予以拆除。某县城市大建设及棚户区改造指挥部办公室是某县人民政府成立的临时性机构。

安徽省蚌埠市中级人民法院一审判决确认某县人民政府于2017年5月23日强制拆除杨某成房屋的行政行为违法。某县人民政府不服一审判决，提起上诉。安徽省高级人民法院二审判决驳回上诉，维持原判。

最高人民法院认为，本案的主要争议焦点为再审申请人某县人民政府是否应当对本案被诉行政强制拆除行为承担法律责任。城关镇人民政府在一审答辩及庭审中均承认系某镇人民政府某居委会书记蒋某意联系拆迁公司将涉案房屋予以拆除。某县人民政府提交的安徽省固镇县人民法院作出的（2018）皖0323行再1号行政判决查明，2017年5月23日凌晨，某镇人民政府12号棚户区工作人员安排施工人员将杨某成的房屋拆掉。关于本案被诉强制拆除行为是由某县城市大建设及棚户区改造指挥部办公室还是某镇人民政府12号棚户区工作人员安排施工人员拆除，关系到本案被告以及法律责任承担主体的确定，一、二审判决存在认定事实不清的问题。

根据征收条例第四条、第五条的规定，在房屋征收与补偿工作中，市县级政府、房屋征收部门以及房屋征收实施单位的职责分工不同，所应承担的法律责任也不同。本案中，根据涉案项目房屋征收决定，征收主体为某县人民政府，征收部门为某县住建局，具体征收工作委托某镇人民政府组织实施。某县

[①] 《某县人民政府、杨某成城乡建设行政管理：房屋拆迁管理（拆迁）再审审查与审判监督行政裁定书》，载中国裁判文书网，https://wenshu.court.gn.cn/website/wenshu/181107ANFZ0BXSK4/index.html?docId=7c881298bfe64c5a93f8ab2600c1eeb3，2022年6月27日访问。

住建局作为能够独立承担法律责任的行政主体,对某镇人民政府在委托范围内实施的房屋征收与补偿行为承担法律责任,某县住建局在一审庭审中也认可某镇人民政府在征收补偿过程中行为的法律后果由某县住建局承担。某县政府作为征收主体,主要负责作出房屋征收决定、房屋征收补偿决定等工作。在没有责任主体对本案被诉强制拆除行为承担责任的情况下,人民法院可以根据行政主体的法定职责及举证责任作出认定或推定,但在法律法规规定内容清晰、部门职责明确的情况下,不能认定房屋征收与补偿工作中所有的行为后果均应当由某县人民政府承担。二审法院认为"因某镇某居委会并非行政主体,一审判决认定涉案强拆行为的法律后果由某县人民政府承担亦无不当",存在法律适用错误。综上,裁定本案指令安徽省高级人民法院再审。

张某甥与某县人民政府行政强制案[①]

最高人民法院认为,根据征收条例的规定,房屋征收部门是依据行政法规的授权实施房屋征收与补偿的具体工作,被征收人对其组织实施房屋征收与补偿工作过程中作出的行政行为不服提起诉讼的,应以房屋征收部门为被告。根据原审法院查明的事实,涉案被诉强制拆除房屋行为是发生在房屋征收与补偿过程中的。根据洪房征字(2013)20号房屋征收决定公告可知,原某县住房和城乡建设局是涉案征收项目的征收部门、某镇人民政府是征收实施单位,某镇人民政府出具的《张某甥房屋拆除情况说明》自认是其委托拆除公司对涉案房屋进行的拆除。无论按照"谁行为、谁被告"原则和职权法定原则,某县人民政府都不是本案适格被告。再审申请人提出的再审请求和再审理由缺乏事实依据和法律依据,本院不予支持。综上,裁定驳回再审申请人张某甥的再审申请。

[①] 《张某甥、某县人民政府再审审查与审判监督行政裁定书》,载中国裁判文书网,https://wenshu.court.gov.cn/website/wenshu/181107ANFZ0BXSK4/index.html?docId=787c3c3361ad47258573ab110113e1c6,2022年6月27日访问。

相关法条

《国有土地上房屋征收与补偿条例》

第四条　市、县级人民政府负责本行政区域的房屋征收与补偿工作。

市、县级人民政府确定的房屋征收部门（以下称房屋征收部门）组织实施本行政区域的房屋征收与补偿工作。

市、县级人民政府有关部门应当依照本条例的规定和本级人民政府规定的职责分工，互相配合，保障房屋征收与补偿工作的顺利进行。

《最高人民法院关于适用〈中华人民共和国行政诉讼法〉的解释》

第二十五条　市、县级人民政府确定的房屋征收部门组织实施房屋征收与补偿工作过程中作出行政行为，被征收人不服提起诉讼的，以房屋征收部门为被告。

征收实施单位受房屋征收部门委托，在委托范围内从事的行为，被征收人不服提起诉讼的，应当以房屋征收部门为被告。

12 征收实施单位不可以是企业

问题提出

征收是政府行为，那为何实际工作中还会有企业参与？

法律解答

征收条例第五条明确规定，房屋征收部门可以委托房屋征收实施单位，承担房屋征收与补偿的具体工作。房屋征收实施单位不得以营利为目的。房屋征收部门对房屋征收实施单位在委托范围内实施的房屋征收与补偿行为负责监督，并对其行为后果承担法律责任。

这是关于房屋征收实施单位的规定。是针对房屋征收补偿工作实际情况制定的，也是这些年来实践经验的总结，目的在于保障房屋征收补偿工作按时完成。《国有土地上房屋征收与补偿条例释义》[①] 介绍，从条例出台前公开征求意见情况看，对房屋征收实施单位的意见主要集中在以下几个方面：一是认为房屋征收部门可以委托其他单位从事征收补偿与搬迁的具体工作，但是受委托单位应当是"具有管理公共事务职能的组织"，不能是营利性组织，并且对受委托单位应当进行严格的监管和限制。二是认为受委托单位不能是开发商、建设单位以及一切与该项目有利益关系的单位。三是认为房屋征收部门不能委托其他单位从事征收补偿与搬迁的具体工作。

1. 房屋征收部门可以委托房屋征收实施单位承担房屋征收补偿的具体工作。房屋征收是政府行为，房屋征收部门应当承担实施工作，因此，征收条例禁止建设单位参与搬迁活动，明确营利性单位不能从事征收的具体工作。但同时也考虑到，房屋征收有大量的具体工作，房屋征收部门由于受设施设备、技术条件等限制，很难承担大量的具体工作。因此，条例规定了房屋征收部门可以委托房屋征收实施单位承担房屋征收与补偿的具体工作。委托的事项一般包括：协助进行调查、登记，协助编制征收补偿方案，协助进行房屋征收与补偿政策的宣传、解释，就征收补偿的具体问题与被征收人协商，协助组织征求意见、听证、论证、公示以及组织对被征收房屋的拆除等。

对受委托的房屋征收实施单位，条例明确规定不得以营利为目的。一般意义上，企业是从事生产、流通、服务等经济活动，以生产或服务满足社会需要，实行自主经营、独立核算，依法设立的一种营利性组织。为了公共利益的需要，对被征收人的房屋实施征收，具有强制性。由以营利为目的的企业实施，可能会造成这些单位利用强制性，在房屋征收补偿工作中谋取利润最大化，克扣被征收人的补偿费用，损害被征收人合法权益。因此，承担房屋征收

---

① 住房城乡建设部法规司、房地产市场监管司等编著：《国有土地上房屋征收与补偿条例释义》，中国法制出版社2011年版，第35页。

与补偿工作的实施单位,应当是不以营利为目的的,其所需工作经费应当由政府财政予以保障。

2. 房屋征收部门应当加强对房屋征收实施单位的管理。房屋征收工作是一项政策性、群众性很强的工作,从事征收工作的人员如果对有关政策法规生疏、对征收业务不熟悉,或者责任心不强,容易造成失误或损失。一方面,房屋征收实施单位从事房屋征收业务的人员,应经过房屋征收部门的专业培训,能熟悉掌握与征收相关的法律、法规、政策以及其他业务知识等。另一方面,房屋征收部门应当加强对受委托的房屋征收实施单位的指导、监督和检查,促使其掌握政策、熟悉业务、接受群众监督、遵守职业道德、规范征收行为、减少矛盾纠纷,保护被征收人的合法权益。房屋征收部门对房屋征收实施单位在委托权限范围内实施的行为承担责任。房屋征收部门应与房屋征收实施单位签订委托合同,明确委托权限和范围以及双方的权利义务,加强对受委托单位的监督。

相关案例

某区人民政府与某房地产公司行政协议纠纷案[①]

最高人民法院经审查认为,本案有以下几个争议焦点:

(1)《地块改造协议》是否是行政协议

《最高人民法院关于适用〈中华人民共和国行政诉讼法〉若干问题的解释》第十一条第一款规定,行政机关为实现公共利益或者行政管理目标,在法定职责范围内,与公民、法人或者其他组织协商订立的具有行政法上权利义务内容的协议,属于行政诉讼法第十二条第一款第十一项规定的行政协议。根据本案业已查明的事实,虽然新屯地块改造协议系某房地产公司与某区土地储

[①] 《某区人民政府、某房地产公司再审审查与审判监督行政裁定书》,载中国裁判文书网,https://wenshu.court.gov.cn/website/wenshu/181107ANFZ0BXSK4/index.html?docId=73211b07165947cf9c2faad200c0be86,2022年6月27日访问。

备中心签订，但从协议事项上看，是房屋征收补偿及改造开发旧城区，征收条例第四条第一款规定，市、县级人民政府负责本行政区域的房屋征收与补偿工作，因此该事项属于某区人民政府的法定职责；从协议中对权利义务的约定看，为某房地产公司交纳给某区土地储备中心新屯地块拆迁补偿安置资金、稳定保证金、拆迁服务费，某区人民政府负责组织安置工作并同意由某房地产公司通过摘牌获得该地块的开发权，约定了某区人民政府应当履行的义务；从实际履行看，协议履行过程中，某区土地储备中心2012年7月5日致函给某房地产公司称某区人民政府要求总计交纳4500万元方能开始实施新屯地块动迁，2015年8月21日某区人民政府亦直接致函给某房地产公司商洽协议是否继续履行。综合以上分析，应当视为某区人民政府委托某区土地储备中心与某房地产公司签订协议，协议目的是实现旧城区改造，协议内容具有行政法上权利义务关系，符合行政协议的法定要件，属于行政协议。行政诉讼法第十二条第一款第十一项规定，行政机关不依法履行、未按照约定履行或者违法变更、解除政府特许经营协议、土地房屋征收补偿协议等协议的，属于行政诉讼受案范围。某房地产公司交付拆迁安置款项后，某区人民政府未能按照协议约定实施拆迁安置工作。因此本案应当属于行政诉讼受案范围。

（2）行政机关单方变更协议的效力

根据《地块改造协议》约定，某房地产公司应当支付拆迁补偿安置金1000万元、稳定保证金100万元、拆迁服务费163.37万元，某房地产公司实际交纳了2263.37万元，其后某区土地储备中心通知某房地产公司根据某区人民政府意见，应交纳动迁安置补偿保证金总计4500万元，该通知属某区人民政府对协议条款的单方变更。并未有法律规定行政机关可以单方改变动迁安置保证金数额的约定，本地块改造协议履行中也未涉及法定事由及国家利益或社会公共利益。因此某区人民政府的变更行为不符合法定的行政机关单方变更行政协议事由，应适用合同法的相关规定。合同法第七十七条第一款规定，当事人协商一致，可以变更合同。某区人民政府对协议的单方变更未能取得某房地产公司认可，该变更并未发生效力。

（3）关于本案判决方式的选择

《最高人民法院关于适用〈中华人民共和国行政诉讼法〉若干问题的解释》第十五条第二款规定，原告请求解除协议或者确认协议无效，理由成立的，判决解除协议或者确认协议无效，并根据合同法等相关法律规定作出处理。合同法第九十四条第四款规定，当事人一方迟延履行债务或者有其他违约行为致使不能实现合同目的，当事人可以解除合同。本案中，某房地产公司实际交付了2263.37万元，已经履行了协议义务。某区人民政府迟延履行债务，未能完成拆迁安置工作，地块改造协议的合同目的已经不能实现，某房地产公司以某区人民政府未按约定履行协议为由请求解除涉案协议，其理由成立。一、二审法院判决解除地块改造协议并由某区人民政府返还某房地产公司拆迁保证金，并无不当。

综上，裁定驳回再审申请人某区人民政府的再审申请。

相关法条

《国有土地上房屋征收与补偿条例》

第五条 房屋征收部门可以委托房屋征收实施单位，承担房屋征收与补偿的具体工作。房屋征收实施单位不得以营利为目的。

房屋征收部门对房屋征收实施单位在委托范围内实施的房屋征收与补偿行为负责监督，并对其行为后果承担法律责任。

13 旧城区改建与商业开发交织是公共利益

问题提出

在当前的旧城区改建过程中，既交织公共利益又有商业开发，是否符合法律规定？

法律解答

公共利益的界定一直是征收条例制定过程中社会各界分歧较大、重点关注的问题。实践中主要有两种观点：一是认为公共利益的界定过宽，主张具有商业性质、营利目的的项目都不应当属于公共利益；二是认为对公共利益的规定还不够全面，主张凡是实施城市总体规划，为城市发展和建设进行的重大工程，由政府组织或者主导的住宅小区、经济开发区、工业园区、商业街区等城市建设，都应当属于公共利益。

公共利益的内涵与外延，在不同国家和地区的不同发展阶段，是不同的。公共利益的界定，必须考虑我国的国情。在我国经济社会发展的现阶段，工业化、城镇化是经济社会发展、国家现代化的必然趋势，符合最广大人民群众的根本利益，是公共利益的重要方面；满足人民群众的基本住房需求，也是公共利益的重要方面。在社会主义市场经济条件下，建立公共服务供给的社会和市场参与机制是必然趋势，不宜以是否采用市场化的运作模式作为界定公共利益的标准，不能因医院、学校、供水、供电、供气、污水和垃圾处理、铁路、公交等项目经营中收费就否认其属于公共利益范畴。保障性安居工程建设和旧城区改建，与广大城镇居民生活、工作密切相关，这些项目的实施既改善了城镇居民居住、工作条件，又改善了城市环境，提升了城市功能，不能因为其中包含必要的商业服务设施等商业开发，就将其置于公共利益范畴之外。对工业化、城镇化进程中出现的一些社会矛盾和冲突，应当综合治理，不能不顾实践中的用地需要而以减少征收作为解决当前问题的唯一措施。要对被征收人按照房地产市场价格给予公平补偿，确保房屋被征收的群众不吃亏，将公共利益和被征收人的利益统一起来。

有意见提出，对公共利益概念的界定，采取概括法、通过正面描述的方式进行定义，也有意见提出采用排除法进行界定，即将商业利益从公共利益中加以排除，通过排除法界定公共利益的内涵。但是公共利益难以精确定义，不具体列举，可操作性将会大打折扣。公共利益与商业利益本不是一组对立的概念，在属性上和在实践中相互交织、很难完全分离，且在一定条件下，相互转化，采用排除法也不恰当，在一定程度上会对国民经济和社会发展造成负面影响。同时，考虑到公共利益概念在不同的国家、同一国家的不同历史时期，其内涵与外延是不断发展变化的，它的稳定是相对的、发展变化是绝对的，既是具体的又是历史的，综合分析、比较上述国家和地区的立法界定，并结合我国的情况，在界定"公共利益的需要"时，采取了概括加列举的方式。

基于上述考虑，征收条例在我国立法史上采取概括加列举的方式首次对"公共利益需要"界定，明确将因国防和外交的需要，由政府组织实施的能源、交通、水利、教科文卫体、资源环保、防灾减灾、文物保护、社会福利、市政公用等公共事业以及保障性安居工程建设、旧城区改建等纳入公共利益范畴。[①]

对于交织商业开发的旧城区改建纳入公共利益，需要具备以下条件：

一是由政府组织实施。旧城区改建既可能是旧城区内部分或者个别房屋的改建，也可能是整个旧城区的改建，如果是旧城区内部分或者个别房屋的改建，私人也可依法进行，此时无进行房屋征收的必要性。只有政府组织实施的旧城区改建，才涉及需要征收他人房屋的问题。

二是符合城乡规划法的有关规定。城乡规划法第三十一条第一款规定："旧城区的改建，应当保护历史文化遗产和传统风貌，合理确定拆迁和建设规模，有计划地对危房集中、基础设施落后等地段进行改建。"根据该规定，不损害历史文化遗产和传统风貌，合理控制拆迁和建设规模的旧城区改建才属于公共利益的需要。

三是应当是危房集中、基础设施落后等地段。首先，关于危房集中的地段。危旧房不是一个概念，而是包括危房和旧房两种情况。危房是指本身存在

---

① 国务院法制办农林城建资源环保法制司主编：《国有土地上房屋征收与补偿条例释义》，中国法制出版社2011年版，第165页。

危险的房屋,要对其进行改造以防止房屋居住人遭受人身和财产损害。但是旧房是否需要改造,却存在很大争议。多数意见认为,旧房改造不属于公共利益的需要。理由主要有两点:(1)何谓"旧房"没有明确标准,实践中有的地方政府为了顺利征收房屋,将刚建成不久的房子也界定为"旧房",不仅对房屋权利人造成了很大损害,而且造成了巨大的社会资源浪费。(2)即使根据已确立的使用年限标准将房屋认定为旧房,对其拆迁也未必属于公共利益。旧房未必就属于危房,有些房屋虽然使用较长时间但由于质量良好,不能归入危房行列。如果旧房没有危害或者威胁房屋使用人的人身和财产,就不能认为对其改造是为了公共利益的需要。如果某一地段的危房数量很少,要解决危房的危险,完全可以通过消除危险或者资助救助等办法来解决,没有必要通过房屋征收来解决,这也符合行政法的比例原则。因此,只有在危房比较集中的地段,才可能使用房屋征收手段解决问题。

相关案例

郭某昌与某区人民政府房屋行政征收案[1]

2016年1月25日,某置业公司向原某区房屋征收管理办公室提交危旧房改造地块(地块二)项目国有土地上房屋征收申请。2016年1月26日,原社区居民委员会出具情况说明,内容为该社区房屋多建于20世纪80年代,房龄老旧,基础设施落后,房屋存在安全隐患,是城区积水最严重的社区之一,遇到台风、暴雨等恶劣天气,内涝十分严重。某征管办审核该公司提交的原某区发展和改革局于2016年2月1日出具的《关于某区块危旧房屋改造项目符合国民经济和社会发展规划的证明》(一般性项目)和《关于某区块危旧房屋改造项目符合国民经济和社会发展规划的证明》(保障性安居工程建设、旧城区

---

[1] 《郭某昌、某区人民政府再审审查与审判监督行政裁定书》,载中国裁判文书网,https://wenshu.court.gov.cn/website/wenshu/181107ANFZ0BXSK4/index.html?docId=9c1d7f662de94c1a8b1fa8aa01533c36,2022年6月27日访问。

改建项目)、某局某分局于2016年2月1日出具的《关于某区块危旧房屋改造项目符合城乡规划(专项规划)的证明》、宁波市国土资源局于2016年2月1日出具的《关于工人区块和潜龙区块危旧房屋改造项目符合土地利用总体规划的证明》等申请资料,经对征收范围内的房屋权属、区位、用途、建筑面积等情况组织调查登记,并在房屋征收范围内向被征收人公布调查登记结果后,拟订了房屋征收补偿方案上报原某区人民政府。2016年3月10日,某区人民政府组织当地发展与改革、住建、土地、城管、规划等有关行政主管部门对上述房屋征收补偿方案进行了论证,作出《某危旧房改造地块(地块二)项目国有土地上房屋征收补偿方案论证结论书》,论证结论为:因涉案项目需要,需征收项目范围内国有土地上房屋,符合征收条例第八条第五项公共利益情形的规定,符合条例所规定的相关计划规划要求,征收范围能够满足实际需要,范围适当;征收补偿方案公平、合理;方案符合经济社会发展需要,并保障了被征收人的合法权益,方案合理、可行,可按此方案实施。2016年3月15日,某区人民政府在拟征收范围内张贴《关于征求某社区危旧房改造地块(地块二)项目国有土地上房屋征收补偿方案(征求意见稿)意见的公告》,征求公众意见,征求意见期限自上述公告公布之日起计算30天。同日,某征管办在征收范围内张贴《某社区危旧房改造地块(地块二)项目征收意愿征询公告》,征收意愿征询期限为2016年3月16日-2016年4月14日,且该次征询工作由某市某公证处公证。同年3月23日,某征管办在征收范围内张贴《某社区危旧房改造地块(地块二)项目征收意愿征询结果公告》,公布了征收意愿征询结果,明确该次意愿征询投票权数为175票,收到投票175票,明确选择"同意"的意见书共174票,选择"不同意"的意见书共0票,废票1票,同意率为99.4%。2016年4月,某征管办向有关部门送达了《关于某社区危旧房改造地块(地块二)项目房屋征收暂停办理有关手续的通知》,并于4月14日在征收范围内张贴《关于某社区危旧房改造地块(地块二)项目房屋征收暂停办理有关手续的告知书》。2016年4月15日,某区人民政府召开某社区危旧房改造地块（地块二）项目国有土地上房屋征收社会稳定风险评估会议，并形成《某社区危旧房改造项目（地块二）国有土地上房屋征收社会稳定风险评估报告》，评估结论为涉案项目社会稳定风险等级为低风险。2016年4月19日，某区人民政府作出《某社区危旧房改造地块（地块二）项目国有土地上房屋征收补偿方案意见征求情况及征收补偿方案修改情况的通告》，对房屋价值补偿问题进行答复，对评估公司的选定内容进行调整，并在征收范围内张贴该通告。2016年4月19日，某区人民政府召开常务会议，会议原则同意作出某棚改地块征收决定。同年4月20日，某区人民政府作出〔2016〕第5号房屋征收决定，并于次日在征收范围公告及《某日报》上刊登。2016年4月26日，某银行与某置业公司，就某区中心城区棚户区（危旧房）改造项目——某地块项目签订《人民币资金借款合同》，合同约定借款金额为人民币142850万元，借款用途为某区块的棚户区改造。郭某昌的房屋处在被诉房屋征收决定确定的征收范围内。因行政区划调整，某区人民政府的行政职权变更由某区人民政府行使。

一审法院判决驳回郭某昌的诉讼请求。郭某昌不服，提起上诉。

二审法院以基本相同的事实和理由，判决驳回上诉，维持一审判决。

最高人民法院认为，国有土地上房屋征收决定影响众多被征收人合法权益，事关建设项目的顺利推进和社会和谐稳定，人民法院对征收决定的审查，应当按照征收条例的规定依法进行。人民法院一般应审查建设项目是否基于公共利益的需要、建设活动是否符合一系列规划、征收补偿方案是否已经公布并根据公众意见修改公布、是否已进行社会稳定风险评估及征收补偿费用是否已经足额到位、专户存储、专款专用。由于公共利益属于典型的不确定法律概念，建设项目是否符合公共利益的需要，一方面，应主要由立法判断，即只有立法明确列举的建设项目才属于公共利益的需要；另一方面，对于立法规定不明确或者可能认识有分歧的，则宜尊重通过正当程序而形成的判断，地方人大及其常委会、绝大多数被征收居民同意的建设项目，应当认为属于公共利益的需要。尤其是以征收形式进行的旧城区改建，既交织公共利益与商业开发，也涉及旧城保护与都市更新，更应尊重拟征收范围内被征收人的改建意愿；大多数或者绝大多数被征收人同意改建方案的，即可以认为建设项目符合公共利益的需要。本案中，某征管办就涉案项目征询了被征收人的征收意愿，并由某市某公证处对征询工作进行公证。经统计，涉案项目的征收意愿同意率达99.4%，充分证明案涉项目反映了公共利益。郭某昌有关涉案地块不属于公共利益项目的再审申请，不能成立。

案涉项目已根据征收条例的规定，事先被纳入国民经济和社会发展年度计划。某区人民政府在一审中也提供了建设符合相关规划的证据材料，项目申请材料中已经包括：符合某区国民经济和社会发展规划的证明（一般性项目）、符合某区国民经济和社会发展年度计划的证明（旧城区改建项目）、符合城乡规划（专项规划）的证明、符合土地利用总体规划的证明等。某区人民政府在发布房屋征收范围公告后，也组织有关部门对征收补偿方案进行论证，并将征收补偿方案予以公布并征求公众意见，公布征求意见情况和修改情况，并进行了社会稳定风险评估，也对征收范围内房屋权属、建筑面积等情况进行调查登记并公布结果，相关房屋征收补偿资金专款已足额存入专户；某区人民政府经常务会议讨论通过后作出被诉征收决定并依法予以公告。因此该征收决定符合征收条例的规定，一、二审法院分别判决驳回郭某昌的诉讼请求和上诉，符合法律规定。

综上，裁定驳回再审申请人郭某昌的再审申请。

谢某亭与某区管委会房屋征收决定案[①]

最高人民法院认为，本案被诉行政行为系被申请人某区管委会作出的01

---

① 《谢某亭、某区管理委员会再审审查与审判监督行政裁定书》，载中国裁判文书网，https://wenshu.court.gov.cn/website/wenshu/181107ANFZ0BXSK4/index.html?docId=155eb71b7d0c4028b276ab1300c17fa2，2022年6月27日访问。

号征收决定,对征收决定的合法性审查,应当按照征收条例的相关规定进行。原审法院经审查,以被诉01号征收决定违反行政委托行权规则和法定程序为由确认01号征收决定违法,再审申请人申请再审的理由主要集中于涉案建设项目的公共利益属性、评估价格的合理性以及原审法院的裁判方式选择等方面,围绕其申请再审的事实和理由,现具体分述如下:

(1) 关于涉案建设项目是否符合公共利益需要问题。公共利益属于典型的不确定法律概念,建设项目是否符合公共利益的需要,一方面应主要由立法判断,即只有立法明确列举的建设项目才属于公共利益的需要;另一方面在立法规定不明确或者认识有分歧的情况下,宜尊重通过正当程序而形成的判断。例如地方人大及其常委会、绝大多数被征收居民同意的建设项目,应当认为属于公共利益的需要。本案中,首先,涉案建设项目地块系作为棚户区改造纳入某市政府2017年工作计划,依法属于征收条例第八条第五项规定的公共利益需要范畴;其次,某市第十四届人民代表大会批准的《某市国民经济和社会发展第十三个五年规划纲要》已经把各县区棚户区改造列入城市再造工程,作为地方国家权力机关批准的文件,表明棚户区改造具有广泛的民意基础,体现了公共利益的要求;最后,从征收工作开展的实际情况看,大多数被征收人与行政机关已签订了补偿安置协议,表明大多数人同意改建方案,可视为相关建设项目符合公共利益需要。据此,再审申请人有关涉案地块不属于公共利益项目的再审申请理由难以成立。

(2) 关于裁判方式的选择问题。一审法院指出,虽然某区管委会作出的房屋征收决定超越职权、违反法定程序,但考虑到某市推进涉案地块棚户区改造工作整体上具备公共利益属性,原审庭审中某市人民政府也认可该征收决定效力,且涉案地块的大多数被征收人已经与行政机关签订补偿安置协议,如适用撤销判决否定房屋征收决定效力,将对某市人民政府推进的城市建设、某区建设产生不利影响,也容易导致大多数已经签订的房屋征收协议失去效力基础,进而损害大多数被征收人已经获得的补偿安置权益。故原审法院详细阐释了选择确认违法判决的理由，符合行政诉讼法第七十四条第一款第一项之规定精神，亦符合行政法上的利益衡量原则。再审申请人主张本案应适用撤销判决的理由不足，本院不予支持。

（3）关于对补偿标准的质疑问题。从原审法院的审查情况看，目前尚无确切证据表明征收补偿方案确定的补偿标准明显低于当时周边同类房地产的一般市场价值，故针对再审申请人对补偿方案确定的补偿标准之异议，法院不予支持。作为征收决定附件的征收补偿方案中所载的补偿安置价格通常是征收区域范围内被征收房屋的平均价格，人民法院有权对其合法性、正当性作出一般性判断。而从权益保护的针对性看，其后由评估机构在入户调查基础上作出的分户评估报告，是对再审申请人的补偿安置权益产生更为直接影响的最为重要的证据。再审申请人如对评估报告所确定的价格不服，除可依法申请复估或者申请鉴定外，仍可通过起诉征收人据此作出的征收补偿决定或者征收部门与被征收人据此签订的补偿协议寻求司法救济。

综上，裁定驳回再审申请人谢某亭的再审申请。

相关法条

《国有土地上房屋征收与补偿条例》

第八条 为了保障国家安全、促进国民经济和社会发展等公共利益的需要，有下列情形之一，确需征收房屋的，由市、县级人民政府作出房屋征收决定：

（一）国防和外交的需要；

（二）由政府组织实施的能源、交通、水利等基础设施建设的需要；

（三）由政府组织实施的科技、教育、文化、卫生、体育、环境和资源保护、防灾减灾、文物保护、社会福利、市政公用等公共事业的需要；

（四）由政府组织实施的保障性安居工程建设的需要；

（五）由政府依照城乡规划法有关规定组织实施的对危房集中、基础设施落后等地段进行旧城区改建的需要；

（六）法律、行政法规规定的其他公共利益的需要。

第十一条 市、县级人民政府应当将征求意见情况和根据公众意见修改的情况及时公布。

因旧城区改建需要征收房屋，多数被征收人认为征收补偿方案不符合本条例规定的，市、县级人民政府应当组织由被征收人和公众代表参加的听证会，并根据听证会情况修改方案。

14 模拟征收是否合法

问题提出

征收实务中，存在在征收决定公告之前，征收部门就和被征收人草签补偿协议的行为，该协议是否有效？

法律解答

征收条例第二十五条第一款规定了"房屋征收部门与被征收人依照本条例的规定"，理论上讲，征收应当按照法定程序进行，若违反程序，可能导致房屋征收部门与被征收人所签订的征收补偿协议无效。应遵循下列步骤和程序：（1）市、县级人民政府应当组织有关部门对征收补偿方案进行论证并予以公布，征求公众意见，征求意见期限不得少于30日；（2）因旧城区改建需要征收房屋，多数被征收人认为征收补偿方案不符合本条例规定的，市、县级人民政府应当组织由被征收人和公众代表参加的听证会，并根据听证会情况修改方案；（3）市、县级人民政府作出房屋征收决定前，应当按照有关规定进行社会稳定风险评估，房屋征收决定涉及被征收人数量较多的，应当经政府常务会议讨论决定；（4）房屋征收部门应当对房屋征收范围内房屋的权属、区位、用途、建筑面积等情况组织调查登记；（5）评估机构应当按征收决定公告之日的类似房屋的市场价进行评估。因此从法律上讲，一般不允许在未经过上述合法程序前进行"模拟"征收行为。

但现实中，因为征收面积往往比较大，一些征收部门为了加快征收进度，往往组织模拟征收，在上述手续不齐全或者没有进行完毕的前提下，与被征收人草签补偿协议。这是一种民事法律行为。民法典第一百五十八条规定，民事法律行为可以附条件，但是按照其性质不得附条件的除外。附生效条件的民事法律行为，自条件成就时生效。附解除条件的民事法律行为，自条件成就时失效。第一百五十九条规定，附条件的民事法律行为，当事人为自己的利益不正当地阻止条件成就的，视为条件已成就；不正当地促成条件成就的，视为条件不成就。因此，如果具备已经履行殆尽、绝大多数人同意等条件，上述征收部门的行为可视为附条件的民事行为，认可其法律效力。

相关案例

邢某仁与某区人民政府行政奖励案[1]

2015年9月30日，某市政府下发《关于某区棚户区危房改造征收补偿安置方案的通知》，印发《某区棚户区危房改造征收补偿安置方案》（以下简称《征收安置方案》），该方案第八条"搬迁及奖励"规定，被征收人在2015年10月25日前签订房屋征收安置协议并搬迁腾空房屋的，一次性给予人民币8万元/户的奖励；2015年10月26日至2015年11月11日内签订房屋征收安置协议并搬迁腾空房屋的，一次性给予人民币5万元/户的奖励；被征收人超过规定时间签订房屋征收安置协议和搬迁的，不给予任何货币奖励。某区人民政府在实施征收工作过程中，以"被征收人在2015年10月25日前签订某片区棚户区危房改造项目拟房屋征收补偿安置协议并搬迁腾空房屋的"，作为给予

---

[1] 《邢某仁、某区人民政府再审审查与审判监督行政裁定书》，载中国裁判文书网，https://wenshu.court.gov.cn/website/wenshu/181107ANFZ0BXSK4/index.html?docId=ffd9a695140b46f7bd49a99e0126be32，2022年6月27日访问。

人民币 8 万元/户奖励的条件。因邢某仁认为《拟安置补偿协议》不具有法律效力，未予签订。至 2016 年 6 月 27 日，某区人民政府出具正式协议后，邢某仁与某区人民政府签订《某片区棚户区危房改造项目房屋征收货币安置协议》。该协议第四条第一项约定，乙方（被拆迁人）在 2015 年 10 月 25 日前签订《拟安置补偿协议》并搬迁腾空房屋的，一次性给予人民币 8 万元/户的奖励；第二项约定，乙方在 2015 年 10 月 26 日至 2015 年 11 月 11 日内签订《拟安置补偿协议》或本协议并搬迁腾空房屋的，一次性给予人民币 5 万元/户的奖励；第三项约定，乙方于 2015 年 11 月 11 日后签订《房屋征收补偿安置协议》并搬迁腾空房屋的，一律不给予任何货币奖励。同日，邢某仁在安置奖励款额为零的房屋综合补偿表上进行签字确认。后因邢某仁对某区政府不给予其 8 万元/户的搬迁奖励款发生争议，提起诉讼。

三亚市中级人民法院（2017）琼 02 行初 11 号一审行政判决驳回邢某仁的诉讼请求。邢某仁不服一审判决，提出上诉。

海南省高级人民法院（2017）琼行终 1226 号行政判决驳回上诉，维持一审判决。

最高人民法院经审查认为，根据征收条例第十七条的规定，被征收人可以获得的补偿主要包括被征收房屋价值的补偿、因征收房屋造成的搬迁、临时安置的补偿、因征收房屋造成的停产停业损失的补偿。该条同时还规定，市、县级人民政府应当制定补助和奖励办法，对被征收人给予补助和奖励。市、县级人民政府给予的补助和奖励并非普惠的，根据当地的实际情况，各地制定的补助奖励办法存在不同。一般而言，补助主要是针对生活困难救助、重大疾病救助以及住房困难救助，而奖励的目的则主要是获得被征收人的支持和配合，对提前签订补偿协议或者搬迁的被征收人给予适当的奖励。市、县级人民政府在相关文件或房屋征收补偿方案中就有关补助和奖励作出的规定，均应按照确定的标准予以兑现。奖励属于附条件的行为，被征收人必须符合征收补偿方案或相关文件中所确定的条件才能获得奖励，因此在实际征收中并非所有被征收人都能够获得奖励。本案中，某市人民政府制订的《征补安置方案》第八条"搬迁及奖励"部分明确规定，被征收人在2015年10月25日前签订房屋征收补偿安置协议并搬迁腾空房屋的，一次性给予人民币8万元/户的奖励。但是，某区人民政府在组织实施房屋征收与补偿工作过程中，在前述征补安置方案规定的时间段内，尚未完成对被征收房屋的房地产价格评估工作，亦未提供房屋征收补偿安置协议给被征收人，实际上《征补安置方案》中规定的奖励条件无法实现。某区人民政府采用与被征收人先行签订《拟安置补偿协议》的方式代替直接签订房屋征收补偿安置协议，实际上已经调整了获取奖励的条件。案涉征收项目涉及250余户被征收人，但是仅有包括邢某仁在内的三户未签订《拟安置补偿协议》，可以认定某区人民政府对《征补安置方案》中关于奖励条件的修改，已经获得绝大多数被征收人的同意。邢某仁未在某区人民政府要求的时间段内签订《拟安置补偿协议》，不符合经调整后的奖励条件，某区人民政府不给予其奖励，并无不当。邢某仁与某区人民政府签订的《房屋征收补偿安置协议》第四条"搬迁奖励"中，明确约定"乙方在2015年10月25日前签订《拟安置补偿协议》并搬迁腾空房屋的，一次性给予人民币8万元/户的奖励"，该条款的内容与某区人民政府调整后的补偿安置方案中的奖励条件是一致的，应当视为邢某仁已经认可修改后的奖励条件，事实上已对其获得奖励的权益进行处分。邢某仁签订《房屋征收补偿安置协议》并领取协议约定的补偿款后，又要求某区人民政府给予8万元奖励，缺乏事实根据和法律依据。一、二审判决驳回邢某仁的诉讼请求，认定事实清楚，适用法律正确，应予维持。

应当指出的是，国有土地上房屋征收与补偿涉及每个被征收人的重大利益，应当严格按照征收条例及相关法律法规规定的程序组织实施。因旧城区改造、棚户区改造等需要征收房屋的，往往存在涉及面广、人数众多、征收补偿情况复杂的特点，在征收补偿过程中容易产生矛盾和争议。实践中，部分地方政府及房屋征收部门采用模拟征收的模式具体实施征收补偿工作，即先与被征收人签订拟安置补偿协议,当签约人数达到一定比例后即转为正式征收补偿程序,并重新签订正式的补偿安置协议。模拟征收方式充分尊重被征收人意愿,通过协商方式提前化解征拆矛盾,有利于保护被征收人的合法利益诉求。采用模拟征收方式,市、县级人民政府及房屋征收部门也要严格遵守征收条例的相关规定,依法实施征收补偿工作。根据征收条例第十条、第十一条、第十三条的规定,市、县级人民政府应当就房屋征收部门拟定的征收补偿方案组织论证并征求公众意见,征求意见情况和根据公众意见修改的情况及时公布;因旧城区改建需要征收房屋的,多数被征收人认为征收补偿方案不符合规定的还应组织听证会;作出房屋征收决定后应及时公告,公告应当载明征收补偿方案。根据前述规定,市、县级人民政府作出征收补偿方案前,可以通过组织有关部门论证及征求公众意见、召开听证会等方式进行修改完善,经确定的征收补偿方案应作为征收决定的附件一同公告,并产生法律效力。本案中,某市人民政府发布案涉《征补安置方案》,某区人民政府在实施过程中对该方案中规定的奖励条款进行修改,明显不符合征收条例有关修改征收补偿方案的规定。鉴于该修改事实上得到绝大多数被征收人的同意,且已经全部实施完毕,故本院仅对该问题予以指正。

综上,裁定驳回邢某仁的再审申请。

相关法条

《国有土地上房屋征收与补偿条例》

第十七条 作出房屋征收决定的市、县级人民政府对被征收人给予的补偿包括:

(一) 被征收房屋价值的补偿;

(二) 因征收房屋造成的搬迁、临时安置的补偿;

(三) 因征收房屋造成的停产停业损失的补偿。

市、县级人民政府应当制定补助和奖励办法,对被征收人给予补助和奖励。

15 征收决定的公告方式有哪些

问题提出

征收条例规定征收决定必须及时公告,目前法律规定的公告方式有哪些?

法律解答

房屋征收决定是市、县级人民政府征收被征收人房屋的重要法律文书。征收条例第十三条第一款要求"市、县级人民政府作出房屋征收决定后应当及时公告。公告应当载明征收补偿方案和行政复议、行政诉讼权利等事项"。因此,房屋征收决定公告应当由市、县级人民政府以其名义发布,一般应张贴于征收范围内及其周围较为醒目、易于被公众查看的地点,也可通过报纸、电视等新闻媒体予以公布。通过发布房屋征收决定公告,使被征收人在正常情况下了解自己已成为征收当事人,了解被征收人的权利和义务。

房屋征收与补偿工作涉及被征收人的切身利益,政策性强、时间紧,只有得到被征收人的理解和配合才能顺利完成。因此,公告、宣传、解释工作是征收实施前非常重要的工作。宣传、解释的内容,一方面,要让被征收人了解征收是为了公共利益的需要,应当服从大局,及时完成搬迁;另一方面,要让被征收人了解征收补偿的政策、补助奖励、用于产权调换的房屋情况、结算办法等,对被征收人遇到的各种问题给予耐心的解答。宣传、解释的方式可以多种多样,包括召开征收动员会、咨询会,在征收现场设立办公室等。房屋征收决定公告的内容包括征收补偿方案和行政复议、行政诉讼权利等事项。也就是说,公告中应当明确,被征收人对市、县级人民政府作出的房屋征收决定不服的,可以依法向作出房屋征收决定的市、县人民政府的上一级人民政府申请行政复议；或者依法向人民法院提起行政诉讼。

相关案例

杨某书与某区人民政府房屋征收决定案①

2015年8月25日，某区人民政府作出《征收决定》后，于同日作出《关于火车站广场南片区改造项目房屋征收决定》的公告，并于同月27日将《征收决定》《征收公告》等材料分别张贴在某区铁路南宿舍门口、十道弯北口、铁路街北口、西关街、铁工街南口墙壁上予以公告。杨某书的房屋属于上述征收范围。

一审法院于2017年4月10日作出（2017）冀05行初13号行政裁定：驳回杨某书的起诉。

杨某书不服，提起上诉。二审法院于2017年8月22日作出（2017）冀行终483号行政裁定：驳回上诉，维持一审裁定。

最高人民法院认为，房屋征收决定以公告方式送达，无需参照民事诉讼法规定的送达程序，向每一户被征收人逐户送达。只要市、县人民政府依法进行公告，即视为征收决定已经送达每一户被征收人；征收决定公告中告知当事人诉权和起诉期限，即视为全体被征收人已经被告知诉权和起诉期限。本案中，某区人民政府2015年8月27日张贴《征收决定》和《征收公告》时，在公告中明确告知了被征收人申请行政复议和提起行政诉讼的权利和时间，杨某书于2017年1月22日提起行政诉讼，明显超过了法定起诉期限。

综上，裁定驳回再审申请人杨某书的再审申请。

---

① 《杨某书、某区人民政府再审审查与审判监督行政裁定书》，载中国裁判文书网，https://wenshu.court.gov.cn/website/wenshu/181107ANFZ0BXSK4/index.html?docId=1395c034e88e4b4983cfa8f1011010ac，2022年6月27日访问。

某市人民政府与李某珍、夏某文行政复议案[①]

梅州市中级人民法院（2017）粤14行初1号行政判决认为，2012年12月17日，某市人民政府作出《某市江南新城铁路以北区域房屋征收补偿安置方案》，并于2012年12月20日在某日报上进行公告；补偿决定亦明确，依照42号补偿方案的规定作出。此时，李某珍、夏某文已经知道或应当知道被诉42号补偿方案，至2016年4月才申请行政复议，超过法定行政复议申请期限，且无正当理由。李某珍、夏某文称在2016年2月通过政府信息公开才知晓42号补偿方案，与事实不符。判决驳回李某珍、夏某文的诉讼请求。李某珍、夏某文不服，提起上诉。

广东省高级人民法院（2017）粤行终970号行政判决认为，征地补偿、安置方案应当在被征收土地所在地的村、组内以书面形式公告。某市人民政府没有提供涉案《征收补偿安置方案》曾在被征收土地所在地的村、组内以书面形式公告的相应证据，不能以42号补偿方案在报纸上公告的时间作为应当知道的时间。另外，根据民事诉讼法第八十五条、第八十六条的规定，采取留置送达的方式，须以受送达人或其同住成年家属拒绝接受文书为前提，且补偿决定中虽然注明按照42号补偿方案进行补偿，但未注明42号补偿方案的具体内容。因此，不能认定李某珍、夏某文在收到补偿决定时已经知道42号补偿方案的内容。判决由某市人民政府对李某珍、夏某文的复议申请重新作出复议决定。

最高人民法院认为，《征收土地公告办法》第三条规定，征收补偿方案在被征收土地所在的村、组内"以书面形式公告"，目的在于便于被征收人知晓征收补偿方案的内容。征收部门在影响力更为广泛、更便于被征收人知晓和查阅的当地报刊、电视台、互联网等现代媒体上予以公告，符合该条规定的立法目的，应当认定征收部门已经依法履行了公告义务，被征收人至公告期满之

[①] 《某市人民政府、李某珍再审行政判决书》，载中国裁判文书网，https://wenshu.court.gov.cn/website/wenshu/181107ANFZ0BXSK4/index.html？docId=29b725fbe9fa4618826daaba00c0f80a，2022年6月27日访问。

日，应当知道征收补偿方案的内容。至于在村、组张贴纸质公告，当然也是"书面形式公告"的形式之一。传统的张贴公告方式，对于相对封闭的农村传统社会，仍具有积极意义。行政机关在使用现代传媒方式进行公告的同时，应当继续采用张贴方式予以公告，以便于那些尚不习惯于接受现代传媒方式的极少数被征收人知晓公告内容。但是，二审以未采用传统的张贴公告方式，否定在征收范围内以报纸、电视、互联网等现代媒体上进行公告形式的合法性，没有法律根据，法院予以纠正。

综上，判决驳回李某珍、夏某文的上诉请求。

相关法条

《国有土地上房屋征收与补偿条例》

第十三条　市、县级人民政府作出房屋征收决定后应当及时公告。公告应当载明征收补偿方案和行政复议、行政诉讼权利等事项。

市、县级人民政府及房屋征收部门应当做好房屋征收与补偿的宣传、解释工作。

房屋被依法征收的，国有土地使用权同时收回。

16 征收补偿方案不可诉

问题提出

征收补偿方案对征收补偿起着至关重要的作用，对征收补偿决定和被征收人权益会产生直接的影响。那么，针对征收补偿方案可以向人民法院提起诉讼吗？

法律解答

房屋征收补偿是被征收人最为关心的问题，也是产生矛盾纠纷的焦点。房屋征收实施的效果很大程度上取决于征收补偿方案的科学与否。

房屋征收部门拟订的征收补偿方案，应当满足以下条件：一是合法，即征收补偿方案的内容应当符合本条例规定，如补偿方式、征收评估、保障被征收人居住条件等；二是合理，即征收补偿方案的内容应当是大多数人都能够接受的，征收范围大小合适，补偿标准公正公平，设定的奖励应当科学；三是可行，征收补偿方案的内容，除符合法律法规的规定外，还应当因地制宜，符合当地的实际情况，如考虑当地的气候条件、风俗习惯等因素。

房屋征收部门应当对房屋征收范围内房屋的权属、区位、用途、建筑面积以及租赁和用益物权等情况组织调查，依据调查结果，拟订征收补偿方案。调查一般应当在拟订征收补偿方案前进行。调查结果的详细程度对拟订征收补偿方案的可行性有直接影响。

收到房屋征收部门上报的征收补偿方案后，市、县级人民政府应当组织发展改革、城乡规划、国土资源、环境资源保护、文物保护、财政、建设等有关部门对征收补偿方案是否符合本条例及其他有关法律法规的规定进行论证。主要论证内容包括需用地的建设项目是否符合国民经济和社会发展规划、土地利用总体规划、城乡规划和专项规划，房屋征收范围是否科学合理，征收补偿方案是否公平等。组织有关部门进行论证的目的主要是保证征收补偿方案合理可行。

对征收补偿方案进行论证、修改后，市、县级人民政府应当予以公布，征求公众意见，明确征求意见的期限不得少于 30 日。其主要目的是规范政府的征收活动，切实保证在征收、补偿活动过程中统筹兼顾公共利益和被征收人利益，进一步扩大公众参与，保障公众的知情权、参与权、建议权。

征收条例规定，在作出房屋征收决定前，房屋征收部门应当先行拟订征收补偿方案，市、县级人民政府应在拟订征收补偿方案阶段即履行征求公众意见的程序。

关于征收补偿方案的内容，征收条例未作具体规定。一般情况下，应当包括房屋征收范围、实施时间、补偿方式、补偿金额、补助和奖励、用于产权调换房屋的地点和面积、搬迁过渡方式和过渡期限等事项。

征收条例第十四条规定了被征收人对市、县级人民政府作出的房屋征收决定不服的，可以依法申请行政复议，也可以依法提起行政诉讼，体现了行政法规对房屋征收当事人双方关系的调整，明确了被征收人的救济途径。但对征收补偿方案是否可诉，没有具体规定，但一般认为方案是不可诉的。

相关案例

郭某时与某区人民政府房屋征收补偿案[①]

河北省邯郸市中级人民法院一审认为，行政诉讼法第四十五条规定，公民、法人或者其他组织不服复议决定的，可以在收到复议决定书之日起十五日内向人民法院提起诉讼。本案中，郭某时于2013年11月7日收到复议决定，于2016年1月7日向法院提起诉讼，已超过法定起诉期限。郭某时称其在期限内起诉，但未提供相关证据，不予采信。一审法院裁定驳回郭某时的起诉。

郭某时不服，提起上诉。河北省高级人民法院裁定驳回上诉，维持原裁定。

最高人民法院认为，本案被诉行政行为系某区人民政府作出的《某市串城文化旅游步行街项目房屋征收补偿方案》。在国有土地上房屋征收与补偿过程中，房屋征收补偿方案是市、县级人民政府作出房屋补偿决定的重要依据。但房屋征收补偿方案并非针对单个权利主体，而是针对所有被征收人作出的征收补偿标准和方式。对单个权利主体的权益产生实质影响的是其后作出的房屋征收补偿决定。并且在被征收人对房屋征收补偿决定依法提起行政诉讼，人民

[①] 《郭某时、某区人民政府再审审查与审判监督行政裁定书》，载中国裁判文书网，https://wenshu.court.gov.cn/website/wenshu/181107ANFZ0BXSK4/index.html?docId=8dce65b1457f4467a73aa9440127c95f，2022年6月27日访问。

法院对房屋征收补偿决定审查时,也将一并对征收补偿方案的合法性进行审查。换言之,房屋征收补偿方案的效力已被房屋征收补偿决定所吸收,被征收人完全可以通过起诉房屋征收补偿决定维护自己的合法权益。房屋征收补偿方案是房屋征收补偿决定的前置阶段性行为,属行政程序尚未终结的不成熟的行政行为,并不单独对外产生效力。人民法院单独对补偿方案进行审查,也不符合诉讼经济、便利的原则。因此,一审、二审法院裁定驳回郭某时的起诉及上诉,并无不当。

综上,裁定驳回再审申请人郭某时的再审申请。

相关法条

《国有土地上房屋征收与补偿条例》

第十条 房屋征收部门拟定征收补偿方案,报市、县级人民政府。

市、县级人民政府应当组织有关部门对征收补偿方案进行论证并予以公布,征求公众意见。征求意见期限不得少于30日。

第十一条 市、县级人民政府应当将征求意见情况和根据公众意见修改的情况及时公布。

因旧城区改建需要征收房屋,多数被征收人认为征收补偿方案不符合本条例规定的,市、县级人民政府应当组织由被征收人和公众代表参加的听证会,并根据听证会情况修改方案。

第十三条 市、县级人民政府作出房屋征收决定后应当及时公告。公告应当载明征收补偿方案和行政复议、行政诉讼权利等事项。

市、县级人民政府及房屋征收部门应当做好房屋征收与补偿的宣传、解释工作。

房屋被依法征收的,国有土地使用权同时收回。

第十四条 被征收人对市、县级人民政府作出的房屋征收决定不服的,可以依法申请行政复议,也可以依法提起行政诉讼。

补 偿

17 被征收人不配合入户调查怎么办

问题提出

实践中，个别被征收人不配合入户调查，怎么办？

法律解答

征收条例第十五条规定，房屋征收部门应当对房屋征收范围内房屋的权属、区位、用途、建筑面积等情况组织调查登记，被征收人应当予以配合。《国有土地上房屋征收评估办法》第十二条第一款规定，房地产价格评估机构应当安排注册房地产估价师对被征收房屋进行实地查勘，调查被征收房屋状况，拍摄反映被征收房屋内外部状况的照片等影像资料，做好实地查勘记录，并妥善保管。

对征收房屋情况进行调查登记是对征收房屋进行评估，进而确定补偿金额的前提和基础。调查登记情况对确定征收补偿至关重要。房屋征收部门既可以独立完成，也可以委托房屋征收实施单位开展，一般情况下还应当有房地产价格评估机构参加。为提高调查登记的效率，减少阻力，房屋征收部门应当争取人民政府协调房屋征收范围内街道办事处、居委会配合进行相关调查工作。

但征收过程中，经常会有被征收人采取各种手段，拒不配合（如拒绝房屋征收部门或评估机构入户）。

征收条例第十五条规定的实质是行政机关在行政征收程序中依照法定程序要求被征收人提供装饰装修情况（证据）。若被征收人依法应当提供而拒不提供，从证据角度看，有两个法律后果，一是承担行政程序中的不利后果；二是若在诉讼程序中提供，人民法院一般不予采纳。因此，可以考虑：首先，在征收补偿方案中明确不配合的法律后果，那就是房地产价格评估机构可以参考周边同类房屋的装饰装修价值，给出估价；其次，分户评估过程中，给各户送达评估须知，要求被征收人提供装饰装修情况（证据），再次告知不配合的法律后果。该种方案，符合"先补偿、后搬迁"的征收基本原则，体现了不履行配合义务的法律后果，而且被征收人有救济渠道。[1]

相关案例

孙某兴与某区人民政府房屋征收补偿案[2]

2015年2月10日，某区人民政府作出〔2015〕1号房屋征收决定，对包括孙某兴在内的国有土地上房屋及附属物进行征收。在完成公告房屋征收决定、选择评估机构、送达征收评估分户报告等法定程序之后，孙某兴未在签约期限内达成补偿协议、未在规定期限内选择征收补偿方式，且因孙某兴的原因，评估机构无法入户调查完成被征收房屋的装饰装修及附属物的价值评估工作。2015年5月19日，某区人民政府作出被诉房屋征收补偿决定，并向其送达。该补偿决定明确了被征收房屋补偿费、搬迁费、临时安置费等数额，决定被征收房屋的装饰装修及附属物经入户按实评估后，按规定予以补偿及其他事

---

[1] 张坤世：《被征收人不配合室内装修之价值评估的处理》，载《人民法院报》2017年4月26日。
[2] 《孙某兴、某区人民政府再审审查与审判监督行政裁定书》，载中国裁判文书网，https://wenshu.court.gov.cn/website/wenshu/181107ANFZ0BXSK4/index.html？docId=a5f7c9e97db94ce48085abc800c3dd75，2022年6月27日访问。

项。孙某兴不服，提起诉讼，请求撤销被诉房屋征收补偿决定。

舟山市中级人民法院一审认为，本案房地产价格评估机构根据被征收房屋所有权证所载内容并结合前期调查的现场勘察结果，认定被征收房屋的性质、用途、面积、位置、建筑结构、建筑年代等，并据此作出涉案房屋的征收评估分户报告，确定了评估价值（不包括装修、附属设施及未经产权登记的建筑物）。因孙某兴的原因导致无法入户调查，评估被征收房屋的装饰装修及附属物的价值，故被诉房屋征收补偿决定载明对于被征收房屋的装饰装修及附属物经入户按实评估后按规定予以补偿。此符合《某省国有土地上房屋征收与补偿条例》的规定，并未损害孙某兴的合法权益，遂判决驳回了孙某兴的诉讼请求。孙某兴提起上诉，浙江省高级人民法院判决驳回上诉、维持原判。

评估报告只有准确反映被征收房屋的价值，被征收人才有可能获得充分合理的补偿。要做到这一点，不仅需要行政机关和评估机构依法依规实施评估，同时也离不开被征收人自身的配合与协助。如果被征收人拒绝履行配合与协助的义务导致无法评估，不利后果应由被征收人承担。本案即属此种情形，在孙某兴拒绝评估机构入户，导致装饰装修及房屋附属物无法评估的情况下，行政机关没有直接对上述财物确定补偿数额，而是在决定中载明经入户按实评估后按规定予以补偿，人民法院判决对这一做法予以认可。此案判决不仅体现了对被拆迁人合法权益的保护，更值得注意的是，以个案方式引导被征收人积极协助当地政府的依法征拆工作，依法维护自身的合法权益。

李某胜与某市人民政府房屋行政征收补偿案[①]

最高人民法院认为，本案中，从一、二审查明的事实看，某市人民政府提交的证据材料不足以证明评估机构的选择完全符合征收条例的规定，故存在不

---

① 《李某胜、某市人民政府再审审查与审判监督行政裁定书》，载中国裁判文书网，https://wenshu.court.gov.cn/website/wenshu/181107ANFZ0BXSK4/index.html? docId=0805b5cdb7c44c8a9277aaa90112f609，2022年6月27日访问。

妥之处。但是，虑及案涉评估公司具有法定资质，评估过程符合法定程序，《房屋所有权证》对案涉房屋的面积有明确的记载，案涉房屋所在的旧城区改造项目涉及 2000 多户住户，仅剩余 50 户左右未签订补偿协议，97.5% 以上的住户对评估机构、评估结果没有异议，并根据评估结果签订了征收补偿协议，故房地产价格评估机构的选定已实际上为被征收人所认可，并未侵害被征收人的合法权益，一审未确认被诉补偿决定违法并无明显不当。

《国有土地上房屋征收评估办法》第十二条第二款规定，被征收人应当协助注册房地产估价师对被征收房屋进行实地查勘，提供或者协助搜集被征收房屋价值评估所必需的情况和资料。本案中，从一审、二审查明的事实看，评估机构于 2015 年 1 月 21 日、2015 年 2 月 5 日、2015 年 3 月 2 日对被征收房屋进行实地查勘，因涉案房屋门窗紧闭、无人应答，评估师及相关工作人员无法入户调查，评估师制作入户调查查勘记录表，并由评估师、房屋征收单位工作人员及见证人签字确认，将有关情况在评估报告中进行说明，符合前述规定。另外，《房屋所有权证》对案涉房屋的面积有明确的记载，未入户踏勘的情节仅仅影响室内物品价值的评估，对此被诉补偿决定明确记载"附属设施及被征收房屋内的装饰装修等，待被征收人交付房屋后进行评估，根据评估结果据此结算给被征收人"。因此，李某胜以此为由认为被诉补偿决定应予撤销的主张不能成立。

综上，被诉补偿决定的作出程序和内容整体上符合征收条例的规定，但在评估机构的选择方面存在瑕疵，鉴于李某胜的诉讼请求为撤销被诉补偿决定，评估报告从内容上看并未侵犯李某胜的实体权利，一审指出该瑕疵后未确认违法并无明显不当，二审予以维持亦无不当。遂裁定驳回再审申请人李某胜的再审申请。

相关法条

《国有土地上房屋征收与补偿条例》

第十五条 房屋征收部门应当对房屋征收范围内房屋的权属、区位、用途、建筑面积等情况组织调查登记,被征收人应当予以配合。调查结果应当在房屋征收范围内向被征收人公布。

18 超出规划红线的征收并不必然违法

问题提出

征收应当符合国民经济和社会发展规划、土地利用总体规划、城乡规划和专项规划。但实践中,征收时偶尔会发生某个房屋的一部分在红线范围内,另一部分在红线范围外,但征收决定的范围却是征收整栋房屋。此种情况下,是否意味着征收违法?

法律解答

征收红线是政府规划、自然资源等部门共同划定的用地边界,红线所围的范围面积,是用来计算规划指标的最基本的、有法律依据的基础数据,也是征收的范围和区域。但如果因规划不合理,致使整幢建筑的一部分未纳入规划红线范围内,政府出于实用性、居住安全性等因素考虑,将未纳入规划的部分一并征收,该行为体现了以人为本,有利于征收工作顺利推进。人民法院在司法实务中认可相关征收决定的合法性,不赞成过于片面、机械地理解法律。

相关案例

杨某芬与某市人民政府房屋征收决定案[①]

2007年10月16日,某市房产管理局向某职业技术学院作出拆迁字〔2007〕

[①] 《杨某芬与某市人民政府一审行政判决书》,载中国裁判文书网,https://wenshu.court.gov.cn/website/wenshu/181107ANFZ0BXSK4/index.html?docId=49cb454a612142b38ab1acdc0162e540,2022年6月27日访问。

第19号《房屋拆迁许可证》，杨某芬的部分房屋在拆迁范围内，在拆迁许可期内未能拆迁。2010年，某市人民政府启动神农大道建设项目。2010年7月25日，某市发展和改革委员会批准立项。2011年7月14日，某市规划局颁发了株规用〔2011〕0066号《建设用地规划许可证》。杨某芬的房屋位于泰山路与规划的神农大道交会处，占地面积418平方米，建筑面积582.12平方米，房屋地面高于神农大道地面10余米，部分房屋在神农大道建设项目用地红线范围内。2011年7月15日，某市人民政府经论证公布了《神农大道项目建设国有土地上房屋征收补偿方案》征求公众意见。2011年9月15日，经社会稳定风险评估为C级。2011年9月30日，某市人民政府发布了修改后的补偿方案，并作出了〔2011〕第1号《某市人民政府国有土地上房屋征收决定》，征收杨某芬的整栋房屋，并给予合理补偿。

杨某芬不服，以"申请人的房屋在某职业技术学院新校区项目建设拆迁许可范围内，被申请人作出征收决定征收申请人的房屋，该行为与原已生效的房屋拆迁许可证冲突"和"原项目拆迁方和被申请人均未能向申请人提供合理的安置补偿方案"为由向某省人民政府申请行政复议。复议机关认为，原拆迁人某职业技术学院取得的《房屋拆迁许可证》已过期，被申请人依据征收条例的规定征收申请人的房屋并不违反法律规定。申请人的部分房屋在神农大道项目用地红线范围内，且房屋地平面高于神农大道地平面10余米，房屋不整体拆除将存在严重安全隐患，属于确需拆除的情形，征收决定内容适当，且作出前也履行了相关法律程序，故复议机关作出复议决定维持了征收决定。杨某芬其后以某市人民政府为被告提起行政诉讼，请求撤销征收决定。

某市某区人民法院一审认为，关于杨某芬提出某市人民政府作出的〔2011〕第1号《某市人民政府国有土地上房屋征收决定》与某市房产管理局作出的〔2007〕第19号《房屋拆迁许可证》主体和内容均相冲突的诉讼理由，因〔2007〕第19号《房屋拆迁许可证》已失效，神农大道属于新启动项目，两份文件并不存在冲突。关于杨某芬提出征收其红线范围外的房屋违法之主张，因其部分房屋在神农大道项目用地红线范围内，征收系出于公共利益需要，且房屋地面高于神农大道地面 10 余米，不整体拆除将产生严重安全隐患，整体征收拆除符合实际。杨某芬认为神农大道建设项目没有取得建设用地批准书。2011 年 7 月 14 日，某市规划局为神农大道建设项目颁发了株规用〔2011〕0066 号《建设用地规划许可证》。杨某芬认为某市规划局在复议程序中出具的说明不能作为超范围征收的依据。某市规划局在复议程序中出具的说明系另一法律关系，非本案审理范围。某市人民政府作出的〔2011〕第 1 号《某市人民政府国有土地上房屋征收决定》事实清楚，程序合法，适用法律、法规正确，判决维持。

二审法院认为，本案争议焦点为某市人民政府作出的〔2011〕第 1 号《某市人民政府国有土地上房屋征收决定》是否合法。2010 年，某市人民政府启动神农大道建设项目，某市规划局于 2011 年 7 月 14 日颁发了株规用〔2011〕0066 号《建设用地规划许可证》。杨某芬的部分房屋在神农大道建设项目用地红线范围内，虽然征收杨某芬整栋房屋超出了神农大道的专项规划，但征收其房屋系公共利益需要，且房屋地面高于神农大道地面 10 余米，如果只拆除规划红线范围内部分房屋，未拆除的规划红线范围外的部分房屋将人为变成危房，失去了房屋应有的价值和作用，整体征收杨某芬的房屋，并给予合理补偿符合实际情况，也是人民政府对人民群众生命财产安全担当责任的表现。判决驳回上诉，维持原判。

本案典型意义在于，房屋征收过程中如果因规划不合理，致使整幢建筑的一部分未纳入规划红线范围内，则政府出于实用性、居住安全性等因素考虑，将未纳入规划的部分一并征收，该行为体现了以人为本，有利于征收工作顺利推进。人民法院认可相关征收决定的合法性，不赞成过于片面、机械地理解法律。

焦某顺与某区人民政府行政征收管理案[①]

2014年6月27日，某区人民政府作出〔2014〕41号《关于调整某铁路与某街交汇处西北区域征收范围的决定》，将房屋征收范围调整为某铁路以西、卫河以南、中同大街以北（不包含中同大街××号住宅房）、立新巷以东。焦某顺系中同大街166号住宅房的所有权人。焦某顺认为某区人民政府作出《调整征收范围决定》不应将其所有的房屋排除在外，且《调整征收范围决定》作出后未及时公告，对原房屋征收范围不产生调整的效力，请求人民法院判决撤销《调整征收范围决定》。

新乡市中级人民法院一审认为，某区人民政府作出的《调整征收范围决定》不涉及焦某顺所有的房屋，对其财产权益不产生实际影响，焦某顺与被诉行政行为之间没有利害关系，遂裁定驳回了焦某顺的起诉。焦某顺提起上诉，河南省高级人民法院二审驳回上诉、维持原裁定。

本案中，被告某区人民政府决定不再征收焦某顺所有的房屋，作出了《调整征收范围决定》。由于《调整征收范围决定》对焦某顺的财产权益不产生实际影响，其提起本案之诉不具有值得保护的实际权益。人民法院依法审查后，裁定驳回起诉，有利于引导当事人合理表达诉求，保护和规范当事人依法行使诉权。

相关法条

《国有土地上房屋征收与补偿条例》

第十五条 房屋征收部门应当对房屋征收范围内房屋的权属、区位、用途、建筑面积等情况组织调查登记，被征收人应当予以配合。调查结果应当在房屋征收范围内向被征收人公布。

[①] 《焦某顺、某区人民政府二审行政裁定书》，载中国裁判文书网，https：//wenshu.court.gov.cn/website/wenshu/181107ANFZ0BXSK4/index.html？docId=582d7a1bce3f4531b4fca82e010f29d1，2022年6月27日访问。

19 对征收范围内禁止活动的理解

问题提出

征收条例十六条规定，房屋征收范围确定后，不得在房屋征收范围内实施……不当增加补偿费用的行为；违反规定实施的，不予补偿，而且要求暂停办理相关手续1年，对此怎么理解？

法律解答

在征收范围确定后，进行建设活动，会增加征收成本，造成社会资源的浪费。在征收范围确定后，禁止进行建设活动，有利于保障房屋征收工作顺利进行，也有利于减少矛盾纠纷。禁止活动的范围主要有：一是新建、扩建、改建房屋。新建、扩建、改建房屋会直接影响征收房屋的评估结果，从而增加征收人即作出房屋征收决定的市、县级人民政府的补偿费用，提高实现公共利益需要的成本。二是改变房屋用途。被征收房屋的区位、用途、建筑面积等是影响房屋征收评估的重要因素，房屋的用途对补偿价格的确定有重要影响。按照征收条例第十七条、第二十三条的规定，给予被征收人的补偿应当包括因征收房屋造成的停产停业损失的补偿，那么一套为经营性用房，另一套为住宅的被征收房屋，即使两者同区位、同面积，补偿金额也会有较大差异。如果在征收房屋确定后，允许被征收人临时改变房屋用途，将住宅改变为经营性用房，会大大增加征收补偿成本。三是不当增加补偿费用的其他行为。考虑到新建、扩建、改建房屋和改变房屋用途是不当增加补偿费用的主要形式，除此之外还有其他一些情形，如违反规定迁入户口或分户等也会造成征收成本的增加，影响公共利益的实现。因此，地方可根据本条例规定，结合各自实际对不当增加补偿费用的行为进行规定。

为了本条例第十六条第一款所列禁止事项的规定落到实处，第二款规定房屋征收部门应当书面通知有关部门暂停办理上述活动的有关手续。对于接到通知的有关部门，应当按照通知规定，暂停办理相关手续。违反规定办理的，应当依法追究相关责任。在暂停办理相关手续通知发出后，房屋征收范围内的单位和个人擅自进行的活动，是违法活动，不受法律保护。房屋征收部门应当具体通知哪些部门，由各地根据各自情况具体确定。本款同时规定，暂停办理的书面通知应当载明暂停期限，暂停期限最长不得超过 1 年。规定 1 年的期限，主要是为了保护被征收人的权益，防止暂停期限过长，妨碍被征收人正常的生产经营活动。同时也约束政府行为，督促政府依法行政。

相关案例

王某俊与某区住房和城乡建设委员会拆迁补偿安置行政裁决案[1]

2010 年，某区因轨道交通房山线东羊庄站项目建设需要对部分集体土地实施征收拆迁，王某俊所居住的房屋被列入拆迁范围。该户院宅在册人口共 7 人，包括王某俊的儿媳和孙女。因第三人某区土储分中心与王某俊未能达成拆迁补偿安置协议，第三人遂向某区住房和城乡建设委员会申请裁决。2014 年 3 月 6 日，某区住房和城乡建设委员会作出被诉行政裁决，以王某俊儿媳、孙女的户籍迁入时间均在拆迁户口冻结统计之后、不符合此次拆迁补偿和回迁安置方案中确认安置人口的规定为由，将王某俊户的在册人口认定为 5 人。王某俊不服诉至法院，请求撤销相应的行政裁决。

北京市房山区人民法院一审认为，王某俊儿媳与孙女的户籍迁入时间均在拆迁户口冻结统计之后，被诉的行政裁决对在册人口为 5 人的认定并无不当，

---

[1] 《王某俊诉某区住房和城乡建设委员会拆迁行政裁决二审行政判决书》，载中国裁判文书网，https://wenshu.court.gov.cn/website/wenshu/181107ANFZ0BXSK4/index.html？docId=a365c07b7a05434dbcb9ce6c6e04665c，2022 年 6 月 27 日访问。

故判决驳回王某俊的诉讼请求。王某俊不服,提起上诉。北京市第二中级人民法院二审认为,依据《某市集体土地房屋拆迁管理办法》有关用地单位取得征地或者占地批准文件后,可以向区、县国土房管局申请在用地范围内暂停办理入户、分户,但因婚姻、出生、回国、军人退伍转业、经批准由外省市投靠直系亲属、刑满释放等原因必须入户、分户的除外的规定,王某俊儿媳因婚姻原因入户,其孙女因出生原因入户,不属于上述条款中规定的暂停办理入户和分户的范围,亦不属于因擅自办理入户而在拆迁时不予认定的范围。据此,被诉的行政裁决将王某俊户的在册人口认定为5人,属于认定事实不清、证据不足,二审法院判决撤销一审判决及被诉的行政裁决,并责令房山区住建委重新作出处理。

在集体土地征收拆迁当中,安置人口数量之认定关乎被拆迁农户财产权利的充分保护,准确认定乃是依法行政应有之义。实践中,有些地方出于行政效率等方面的考虑,简单以拆迁户口冻结统计的时间节点来确定安置人口数量,排除因婚姻、出生、回国、军人退伍转业等原因必须入户、分户的特殊情形,使某些特殊人群尤其是弱势群体的合理需求得不到应有的尊重,合法权益得不到应有的保护。本案中,二审法院通过纠正错误的一审判决和被诉行政行为,正确贯彻征收补偿的法律规则,充分保护农民合法权益的同时,也体现了国家对新生儿童等特殊群体的特别关爱。

徐某娜与某镇人民政府拆迁行政行为案[①]

2016年10月21日,某市城市建设工程总指挥部办公室作出启城建指办〔2016〕第13号文,对某镇拆迁指挥部上报的《某镇东郊村民乐路北侧项目(一期)集体土地上房屋搬迁补偿与安置方案》予以同意,该方案对按家庭人

---

① 《徐某娜与某镇人民政府二审行政判决书》,https://wenshu.court.gov.cn/website/wenshu/181107-ANFZ0BXSK4/index.html?docId=f95e5a2e43524237a295aaf500b348ad,载中国裁判文书网,2022年6月27日访问。

员享受安置面积的人员户籍性质的认定作了详细规定,其中第六大项对家庭人员的核定作了明确规定。徐某娜外祖母房屋位于上述拆迁项目范围内。2016年11月1日,吴某兰与某镇东郊村经济合作社签订了房屋拆除搬迁补偿协议。2016年12月3日,吴某兰领取了补偿款88649元。2017年7月19日,启东市土地储备中心出具了吴某兰定销房(商品房)安置房选房确认单,确认吴某兰属于东郊村拆迁现场组的拆迁区域,按产权安置,原房屋合法产权面积或应批占地面积为44.12平方米。

季某妹与徐某兵于1998年5月19日登记结婚,1998年8月14日育有徐某娜。徐某娜出生后,户籍随其母亲申报登记在吴某兰处。2003年10月,徐某娜母亲将户口迁移至徐某兵处,但徐某娜的户籍未随迁。季某妹与徐某兵在某镇建有住房。徐某娜外祖母育有季某妹和季某健两子女。经与徐某娜核实,户口虽登记在吴某兰处,但其随父母生活在外地。

一审法院判决驳回徐某娜的诉讼请求。

二审法院认为,本案的争议焦点在于,上诉人徐某娜的户口登记在某市某镇其外婆吴某兰户,在外婆房屋被拆迁时,上诉人徐某娜能否享受未婚独生子女的拆迁补偿面积待遇。

在房屋搬迁工作中,行政机关在被拆迁人让渡原有居住房屋及相应土地后,为保障被拆迁人的居住权益,会以确定一定安置面积的补偿方式便于被拆迁人另行安置居所。因此,判断公民能否享受相关拆迁补偿安置面积待遇,与该公民对被拆迁房屋是否享有住房权利以及是否符合在该地块建房的条件等有关。本案中,上诉人徐某娜的户籍所在地虽然在其外婆户,但案涉拆迁中并不符合在东郊村按独生子女标准安置住房的条件。理由如下:第一,上诉人徐某娜虽然出生时户口随母亲登记在外婆吴某兰户,但对于案涉拆迁中吴某兰名下的房产,上诉人徐某娜并不直接享有任何房产权利。第二,未婚独生子女在建房或安置中按两人计算面积,是基于未婚独生子女今后因结婚导致人口增多,对住房需求增大的因素而在家庭建房时事先赋予相应的面积。上诉人徐某娜的户口虽然与其外婆吴某兰登记在同一户口簿上,但在以吴某兰为户主的这一户中,就吴某兰和徐某娜的关系而言,上诉人徐某娜并不具有未婚独生子女的身份。第三,上诉人徐某娜虽然户籍没有和母亲季某妹登记在同一处,但其与季某妹之间因母女关系产生的法定的权利义务并未消失。自上诉人徐某娜出生,为徐黎某提供住处是季某妹夫妇的法定监护义务,而季某妹居住在某镇。徐某娜没有提供证据证明其父母不能履行监护义务,未为徐某娜提供住处。虽然上诉人徐某娜现已成年,但上诉人徐某娜与其父母形成的原生家庭关系仍然存在。上诉人徐某娜也未提供证据证明其已与吴某兰之间形成抚养(扶养)与被抚养(扶养)的关系。事实上,在案涉拆迁中作为户主的吴某兰与被上诉人某镇人民政府签订补偿协议,协议中写明被安置对象为一人,也表明吴某兰认可被拆迁房屋的居住权益人仅为吴某兰一人。上诉人徐某娜主张在东郊村按独生子女安置无异于申请独立建房,但上诉人徐某娜当前并不具有在东郊村按独生子女申请建房或者安置住房的条件。

综上,一审法院所作驳回上诉人徐某娜诉讼请求的判决应予维持。需要说明的是,本案驳回上诉人徐某娜诉讼请求主要是因为在案涉拆迁中,对上诉人徐某娜的住房安置不能脱离徐某娜与父母之间形成的家庭成员关系及其相互之间的权利义务,因而上诉人徐某娜不能在案涉拆迁中独立享有独生子女的住房安置待遇。本案的处理并不意味着否定上诉人徐某娜作为某市某镇五组集体经济组织成员今后应享有的各项法定权利,也并不意味着否定今后上诉人徐某娜因结婚等实际需要而依法主张相关的住房权益。被上诉人某镇人民政府在今后工作中也应切实保障上诉人徐某娜的各项合法权益。据此,判决驳回上诉,维持原判。

相关法条

《国有土地上房屋征收与补偿条例》

第十六条 房屋征收范围确定后,不得在房屋征收范围内实施新建、扩建、改建房屋和改变房屋用途等不当增加补偿费用的行为;违反规定实施的,不予补偿。

房屋征收部门应当将前款所列事项书面通知有关部门暂停办理相关手续。暂停办理相关手续的书面通知应当载明暂停期限。暂停期限最长不得超过1年。

20 享受停产停业损失补偿的条件

问题提出

征收中,被征收人享受停产停业损失的补偿有哪些条件?

法律解答

非住宅停产停业损失补偿是房屋拆迁中群众反映较为突出的问题之一。征收条例明确因征收房屋造成停产、停业损失的补偿,根据房屋被征收前的效益、停产停业期限等因素确定,同时授权具体办法由省、自治区、直辖市制定,有利于减少房屋征收过程中矛盾纠纷的发生。

停产停业损失,一般以实际发生的直接损失为主,根据房屋征收前被征收房屋的实际使用效益和实际停产、停业期限等确定。停产停业损失补偿中涉及非住宅房屋的认定。认定为非住宅房屋,应当满足以下两个条件:第一,房屋为非住宅房屋,即营业性用房;第二,经营行为合法,不能是违法经营。二者缺一不可。

一般来说,具体实务中要享受停产停业损失补偿,应当符合:被征收房屋为非住宅中的经营性房屋,被征收房屋具有被登记为营业性房屋的权属证明或经有关部门认定为合法建筑,被征收房屋具有合法、有效的营业执照且载明的住所与之一致,被征收房屋已办理税务登记并具有纳税凭证,被征收房屋在征收决定做出前必须有实际经营行为。

相关案例

史某露与某区人民政府行政赔偿案[①]

最高人民法院认为，本案系国有土地上房屋强制拆除行为被确认违法后引发的行政赔偿争议。

一、关于房屋损失的赔偿标准问题

经原审法院查明，涉案房屋的性质系公有住房，所有权人为某区房产经营有限责任公司，史某露是该公有住房的承租人。鉴于《31号补偿决定》中的涉案房屋价值系由评估机构评估所确定，故史某露因违法强拆行为而遭受的房屋损失应以此评估价值为限。考虑到该赔偿请求所主张的房屋价值与评估结果差异明显，且其并没有提供充分的证据加以证明。故原审法院不予支持，并无不当。

二、关于屋内动产损失的认定问题

房屋拆迁行政赔偿案件中，因违法行政行为而导致的屋内动产损失，亦属于国家赔偿法所确定的赔偿范围。根据国家赔偿法第十五条第一款之规定，原则上应当由赔偿请求人对其提出的赔偿请求，提供相应证据加以证明。同时，行政诉讼法第三十八条第二款亦规定，在行政赔偿案件中，因被告的原因导致原告无法举证的，由被告承担举证责任。本案中，二审法院基于某区人民政府在违法拆除涉案房屋时未进行现场清点，导致室内物品难以查清，故认定应当由该政府对涉案房屋在拆除时屋内是否存在动产以及存在哪些动产承担举证责任。上述认定虽然一定程度上存在倒果为因，但就本案来说，在裁判社会效果上更加严格、强化了人民政府在行政强制过程中的相关责任，亦无明显不当，

[①] 《史某露、某区人民政府错误执行赔偿行政赔偿赔偿裁定书》，载中国裁判文书网，https：//wenshu.court.gov.cn/website/wenshu/181107ANFZ0BXSK4/index.html? docId=0ff4a7511bbb4046a471ab31011421ec，2022年6月27日访问。

法院予以认可。针对史某露所主张赔偿的120万元金首饰损失，从其自述中可以看出，自2013年年初至2014年5月13日房屋被拆除，一年多的时间里，涉案房屋先是租给他人使用，后又闲置等待拆迁，其本人并不居住在涉案房屋内。另外，根据某房产经营公司于2014年4月23日向某区拆管中心发函所称，因涉案房屋毗邻的金汤街××号、××号房屋被拆除，涉案房屋已成为危房。综合以上事实，加之史某露并未提供有效证据证明其合法拥有上述金首饰且至违法强拆发生时仍存放在涉案房屋内。故原审法院以其在涉案房屋存放价值超百万元的金条首饰有悖常理为由，不予支持其诉请，亦无不当。

三、关于停产停业损失的补偿问题

本案中，涉案房屋在被违法强拆前已被纳入征收范围，史某露对涉案房屋所享有的合法权益已经转化为依照征收条例规定所应享有的征收安置补偿权益，故其因违法强拆行为所遭受的直接损失主要以其此前依法应当享有的补偿利益为核算标准，在不低于此标准的前提下，人民法院根据侵权损害情形综合考量赔偿范围与额度。鉴于涉案房屋系住宅性公租房，虽然史某露提供了《个体工商户营业执照》《税务登记证》等材料，意图证明涉案房屋事实上已用于经营，但却未能提供合法改变房屋用途的相关证据，属于擅自改变公租房用途，故二审法院对其主张的停产停业损失补偿，不予支持，并无明显不当。此外，征收过程中，停产停业损失系因征收行为或侵权行为而给被征收人或受害人合法开展的经营活动造成临时性障碍而产生，本质上是一种过渡性费用损失。从《询问笔录》中史某露的自述可以得知，涉案房屋至少自2013年年初就已经未用于经营，一直到2014年5月13日被拆除时仍未恢复经营。在此期间，其有充分的时间去寻找合适地址重新经营，故其因自身原因未开展经营的损失不属于征收条例所规定的补偿范围，其主张停产停业损失的赔偿，缺乏事实和法律依据，本院难以支持。

四、关于精神损失的赔偿问题

根据国家赔偿法第三十五条的规定，行政机关及其工作人员侵犯人身权致人精神损害的，应当在侵权行为影响的范围内，为受害人消除影响，恢复名誉，赔礼道歉；造成严重后果的，应当支付相应的精神损害抚慰金。本案中，某区人民政府组织实施的强制拆除涉案房屋行为虽被确认违法，但违法性主要体现在其未申请法院强制执行而直接组织实施了强拆行为，并不存在侵害史某露人身权的行为，故其提出精神损失的赔偿请求，缺乏相应的法律依据，本院不予支持。

五、关于救济方式的选择问题

行政补偿是指行政机关及其工作人员在行使职权的过程中因合法行为而对行政相对人合法权益造成的损失，由国家依法予以补偿。行政赔偿是指行政机关及其工作人员违法行使职权，侵犯公民、法人和其他组织合法权益，造成损害的，由国家依法予以赔偿。由此可见，行政行为本身合法与否是区分行政补偿与行政赔偿的关键。本案中，涉案强拆行为已被人民法院的生效判决（（2015）宁行初字第415号）以程序违法为由确认违法，故史某露因该违法强拆行为而遭受的财产损失，依法享有获得赔偿的权利。鉴于某区拆管中心已将《31号补偿决定》中确定向史某露补偿的333559元，专户存储于该中心账户，并可随时提取，其因违法强拆行为而遭受的损失已有明确的救济渠道，故在补偿款已基本到位的情形下，某区人民政府无须另行支付赔偿款。

综上，裁定驳回再审申请人史某露的再审申请。

孟某荣与某市人民政府征收补偿决定案[①]

2013年年初，某小区棚户区改造被纳入2013年经济和社会发展计划。2013年2月28日，某市发展和改革委员会作出《关于某市某小区棚户区改造符合某市国民经济和社会发展规划的说明》，认为某小区棚户区改造项目符合某市国民经济和社会发展规划，该棚户区改造项目符合某市土地整体规划、城

[①] 《孟某荣、某市人民政府再审行政判决书》，载中国裁判文书网，https://wenshu.court.gov.cn/website/wenshu/181107ANFZ0BXSK4/index.html? docId=068b7a91e4fb4a098a50aa010114cf94，2022年6月27日访问。

乡规划以及专项规划。2013年3月12日，某市人民政府发布了某小区房屋征收调查公告，决定对征收范围内的房屋权属、面积等情况进行调查登记，孟某荣的房屋坐落在征收范围内。2013年3月13日，某市房屋征收管理办公室将某小区房屋征收调查结果予以公告。2013年3月19日，某市征收办对房屋征收评估机构的选定予以公告；4月12日，某市人民政府发出公告，征求对《某小区部分区域征收补偿方案》的修改意见。2013年6月6日，某市人民政府将修改意见及修改情况予以公告。在征收决定作出前，某市人民政府进行了社会稳定及风险评估。征收补偿费用足额到位，专款专用。2013年6月8日，某市人民政府作出《某市国有土地上房屋征收决定》，同时将补偿方案予以公示。因某小区棚户区改造范围内93户被征收人均签订安置补偿协议，只有孟某荣一户未签，2014年4月24日，某市人民政府作出《某市人民政府房屋征收补偿决定书》，告知孟某荣既可选择货币补偿，亦可选择产权调换，并对搬迁费、临时安置费予以明确。孟某荣在自住平房内经营商店，该商店于2013年8月15日领取了个体工商户营业执照。

一审新疆维吾尔自治区高级人民法院伊犁哈萨克自治州分院（2014）伊州行初字第20号行政判决驳回孟某荣的诉讼请求。孟某荣不服，提起上诉。

二审新疆维吾尔自治区高级人民法院（2016）新行终182号行政判决驳回上诉，维持原判。

最高人民法院经审查认为，本案主要涉及以下八个方面的问题：

（一）关于住房补偿是否合法的问题

……

（二）关于附属房屋补偿的问题

……

（三）关于停产停业损失补偿的问题

被征收房屋符合下列三个条件的，房屋征收部门才应给予被征收人停产停业损失补偿：一是被征收房屋具有非住宅房屋权属证明或者经有关部门认定为用于非住宅的合法建筑；二是有合法、有效的营业执照，且营业执照上标明的营业地点为被征收房屋；三是已办理税务登记并具有纳税凭证。案涉商店虽然有营业执照和税务登记证，但是没有非住宅房屋权属证明，也没有有关部门的认定结论，被诉补偿决定没有对孟某荣主张的停产停业损失予以补偿并无不当。

（四）关于果树补偿问题

存在争议的523棵葡萄树和250棵李子树于2012年10月种植，至征收决定公告之日生长期不足一年，均未挂果，鉴定意见按树苗而不是果树进行评估，符合客观实际，被诉补偿决定依照鉴定意见确定523棵葡萄树和250棵李子树的补偿价值，并无不当。

（五）关于鸡舍、砖围墙、土围墙等附属物的补偿问题

……

（六）关于临时安置费问题

……

（七）关于征收奖励的问题

补偿方案载明了两种奖励政策：一种是为了鼓励被征收人在规定时间内签订补偿协议并搬迁而发放的奖励；另一种是为了鼓励被征收人在产权调换和货币补偿这两种补偿方式之间选择货币补偿方式而给予的奖励。市、县级人民政府无论在相关文件还是房屋征收补偿方案中就有关补助和奖励所作出的规定，均应按照此标准兑现。但补偿方案第八条第七项亦载明："对于在规定的签约期内既不签订补偿安置协议也不搬迁的，不给予该补偿方案中涉及的任何奖励。"奖励一般以及时签订补偿协议并搬迁为前提，补偿方案中对此也作了明确说明，孟某荣没有在规定的签约期限内签订补偿安置协议并搬迁，不符合发放奖励的条件，故其有关被诉补偿决定未包含征收奖励的理由不能成立。

（八）关于评估机构选定程序是否合法的问题

……

综上,判决撤销新疆维吾尔自治区高级人民法院(2016)新行终182号行政判决。

相关法条

《国有土地上房屋征收与补偿条例》

第二十三条 对因征收房屋造成停产停业损失的补偿,根据房屋被征收前的效益、停产停业期限等因素确定。具体办法由省、自治区、直辖市制定。

21 停产停业损失补偿给承租人还是出租人

问题提出

停产停业损失,到底应该补偿给谁?

法律解答

非住宅停产停业损失补偿是征收中的热点问题之一。征收条例第二十三条明确规定因征收房屋造成停产停业损失的补偿,根据房屋被征收前的效益、停产停业期限等因素确定,同时授权具体办法由省、自治区、直辖市制定,有利于减少房屋征收过程中矛盾纠纷的发生。

停产停业损失,一般以实际发生的直接损失为主,根据房屋征收前被征收房屋的实际使用效益和实际停产、停业期限等确定。停产停业的损失是否应当赔偿以及谁是请求赔偿的权利主体,目前法律并未明确,应当结合公平原则和填平补齐原则全面综合判断。一般来说,在房屋租赁关系中,停产停业损失的补偿对象是以房屋作为生产、经营场所,办理营业执照的实际经营人,因此承租人才是停产停业损失的补偿对象;出租人则可以主张相应的租金损失。

相关案例

某县人民政府与塑业公司行政强制及行政赔偿案[①]

依据某县人民政府〔2016〕31号《G206扩宽改造纬六路连接线工程征收土地方案公告》，G206国道扩宽改造项目纬六路连接线工程道路宽度仅为40米，塑业公司位于某县的厂区整体呈矩形，南北长度178.61米。其厂区部分土地、房屋及附属物位于G206扩宽改造纬六路连接线工程规划红线范围内，涉案道路建成后将由西向东穿过原告厂区，即从178.61米中占用40米。2017年1月10日，某县政府根据（2016）027号征收估价报告，作出政秘〔2017〕8号房屋征收补偿决定，决定对原告位于上述工程建设范围内包括集体土地在内的整个厂区的房屋及附属物全部予以征收并收回国有土地使用权，补偿原告土地使用价值、建筑物价值、附属物价值、装潢费用、停产停业损失费和搬迁费共计人民币7393178元。2017年3月27日，某塑业公司上述厂房由被告整体拆除。

某塑业公司于2017年3月17日、3月27日、4月1日分三次领取了拆迁补偿款7118321.5元。同时某镇人民政府直接向某塑业公司原厂房内的七户租赁户支付了搬迁和停业损失452900元。

一审法院判决某县人民政府于2017年3月27日强行拆除原告厂区房屋及附属物的行为违法。

二审法院认为，本案中，某县政府作出相应《房屋征收补偿决定》后，某塑业公司不服提起行政诉讼，在诉讼过程中，某县政府在未经人民法院准予强制执行情况下径行对涉案房屋实施强拆，明显违反法律规定。鉴于强拆行为已实施，不具有可撤销性，一审判决确认强拆行为违法并无不当。本院依法予以维持。

[①]《某县人民政府、某塑业公司行政强制及行政赔偿二审行政判决书》，载中国裁判文书网，https://wenshu.court.gov.cn/website/wenshu/181107ANFZ0BXSK4/index.html?docId=4eb64950cf2242208fd7ab34013d53d5，2022年6月27日访问。

......

（二）关于停产停业损失

停产停业的损失是否应当赔偿以及谁是请求赔偿的权利主体，应当结合公平原则和填平补齐原则全面综合判断。一般来说，在房屋租赁关系中，停产停业损失的补偿对象是以房屋作为生产、经营场所，办理营业执照的实际经营人，因此承租人才是停产停业损失的补偿对象；出租人则可以主张相应的租金损失。某塑业公司实际将其5562.87平方米的厂房出租给他人经营，上述损失在评估报告中亦有体现。停产停业损失的补偿标准参照《某市区国有土地上房屋征收补偿办法》按货币化补偿基准价的3‰定额标准，一次性给予6个月的停产停业损失补偿。因停产停业损失的补偿只限于对实际经营者，某塑业公司被拆除的房屋系出租给他人经营，故其对被拆除的房屋不能按照补偿方案主张停产停业损失。但某塑业公司正在出租的房屋因强拆导致现实的租金损失，属于行政赔偿的范围。根据评估公司确定的每平方米22.59元工业厂房的租金标准，为体现出租人与承租人权利义务的一致性，应参照补偿方案计算停产停业损失的期限6个月计算租金损失。故塑业公司的租金损失应当认定为753991元（22.59元×5562.87平方米×6个月）。一审法院完全脱离应予参照的补偿方案，无限延长租金损失的计算期限，将预期可得利益作为行政赔偿的损失计算不当，且有违公平原则，本院予以指正。某县人民政府有关此节上诉理由成立，本院予以支持。

（三）关于搬迁费

......

（四）装潢及附属物价值

......

综上，判决变更安徽省安庆市中级人民法院（2018）皖08行赔初1号行政赔偿判决第二项，为：某县人民政府于本判决生效之日起六十日内赔偿某塑业公司251656.5元。

补　偿

相关法条

《国有土地上房屋征收与补偿条例》

第二十三条　对因征收房屋造成停产停业损失的补偿，根据房屋被征收前的效益、停产停业期限等因素确定。具体办法由省、自治区、直辖市制定。

22 对不存在的房屋如何评估其价值

问题提出

实践中，经常遇到房屋灭失（意外或人为）的情形，如果房屋已经不存在，应如何评估其价值？

法律解答

此问题确属法律实务中的难题。主要靠评估结果，但在一起案例中，由于案涉房屋被拆除，人民法院两次委托相关评估机构评估，均被退回，致使案涉房屋无法通过评估的方式确定价值。最终人民法院通过走访询价，参考估价时同区位房屋的市场价格对案涉房屋赔偿数额予以酌定，这也符合房屋征收补偿时市场价格补偿的基本原则。

在房屋征收强制拆除的行政赔偿案件中，依照现行法律规定确定行政赔偿项目和数额时应当秉持的基本原则是，赔偿数额至少应不低于赔偿请求人依照安置补偿方案可以获得的全部征收补偿权益，不能让赔偿请求人获得的赔偿数额低于依法征收可能获得的补偿数额，最大限度地发挥国家赔偿制度在维护和救济因受到公权力不法侵害的行政相对人的合法权益方面的功能与作用。如果被征收人已经签订征收补偿协议，且约定的补偿项目和数额符合征收安置补偿方案的规定，则该补偿协议约定的补偿范围及数额可以作为确定强制拆除房屋损失的依据。

相关案例

陈某兴、陈某强与某区人民政府行政赔偿案[①]

2013年10月8日，某区人民政府作出〔2013〕6号《某区人民政府房屋征收决定书》，房屋征收部门为台江区房管局。同时，发布某区人民政府房屋征收公告，将某市某历史文化街区用地项目有关事项进行公告。陈某兴、陈某强的房屋位于征收范围内，2016年8月31日，该房屋被拆除。

一审法院认为，某区人民政府、某区房管局强制拆除案涉房屋的行为已经法院生效判决确认违法，陈某兴、陈某强有权获得行政赔偿。判决：（1）陈某兴、陈某强选择产权置换安置方式，某区人民政府、某区房管局应依照相应的标准，根据陈某兴、陈某强持有的《房屋所有权证》中记载建筑面积94.72平方米进行产权置换。根据陈某兴、陈某强选择套房的面积、户型、层次，依照规定的标准进行货币补差。（2）某区人民政府、某区房管局在本判决生效之日起十五日内支付给陈某兴、陈某强10万元作为室内财产损失补偿款。

二审法院判决驳回上诉，维持原判。

最高人民法院认为，根据国家赔偿法第四条第三项的规定，行政机关违法征收，侵犯财产权的，受害人有取得赔偿的权利。本案受理之前，人民法院生效判决已确认某区人民政府、某区房管局强制拆除案涉房屋的行为违法。据此，再审申请人作为房屋的所有权人，有依法取得赔偿的权利。根据再审申请人提出的请求和理由，本院着重审查以下几个问题：

1. 在国有土地上房屋征收过程中，因违法强制拆除房屋而引发的赔偿问题，较为复杂。一方面，违法拆除房屋使房屋这一附属于土地上的独立物权客

[①] 《陈某兴、陈某强城乡建设行政管理：其他（城建）再审审查与审判监督行政裁定书》，载中国裁判文书网，https://wenshu.court.gov.cn/website/wenshu/181107ANFZ0BXSK4/index.html?docId=11e451ab34c946578-164a99e012a0aaf，2022年6月27日访问。

体灭失，该侵权行为必然产生损害赔偿责任。同时，房屋内财物因此遭受损失的，亦一并予以赔偿。另一方面，涉案房屋在违法拆除之前已经被列入征收范围，在相关房屋征收决定书被有权机关依法撤销之前均应承认其效力。再审申请人作为涉案房屋的被征收人，享有征收条例以及当地征收补偿政策所规定的一切补偿权益，包括：被征收房屋价值的补偿；因征收房屋造成的搬迁、临时安置的补偿；因征收房屋造成的停产停业损失的补偿；当地人民政府给予的补助和奖励等。当然，上述具体的补偿项目和数额，应基于特定的被征收房屋、被征收人的实际情况而加以甄别和确定。特别需要指出的是，根据《国有土地上房屋征收评估办法》第十一条第一款的规定，被征收房屋价值是指被征收房屋及其占用范围内的土地使用权在正常交易情况下，由熟悉情况的交易双方以公平交易方式在评估时点自愿进行交易的金额，但不考虑被征收房屋租赁、抵押、查封等因素的影响。从该规定可知，在国有土地上房屋征收程序中，对被征收房屋价值的补偿，涵盖了房屋本身的价值和其所占用范围内土地使用权的价值，而不仅仅限于房屋所有权。被征收人的补偿权益并不因房屋被违法拆除而丧失，其补偿利益的损失也应当依法给付。综合上述两方面，在当事人因行政机关违法拆除被征收房屋而提起行政赔偿诉讼中，人民法院有必要本着充分保障产权人合法权益的原则，统筹考虑协调适用国家赔偿法与征收条例等规定，对产权人给予公平、合理的赔偿。本案即属于此种情况，原审法院判决行政机关按照规定给予赔偿，并无不当。

2. 案涉房屋已被列入征收范围。本案中，陈某兴、陈某强明确要求产权调换。原审法院判决两被申请人依照相应的标准，根据再审申请人持有的《房屋所有权证》中记载建筑面积94.72平方米进行产权置换，并根据选择套房的面积、户型、层次，依照的标准进行货币补差。产权调换，实际上是以被征收房屋和用于产权调换房屋的价值为基础，再进行两者价格比较与结算。被征收房屋和用于产权调换房屋价值衡量的时点是相同的，所以依照当时的征收补偿方案进行产权调换，并不损害再审申请人的利益。

3. 再审申请人主张甲座59#是营业用房,但未能提供充分的证据;要求就此另行单独安置一单位住房,亦缺乏法律和政策依据,本院不予支持。

4. 根据征收条例的规定,被申请人应依照相应的标准,给予再审申请人搬迁、临时安置的补偿以及相应的补助和奖励。

5. 关于屋内装修及物品的损失,再审申请人向一审法院提交了价值178347.2元的票据。一审法院考虑房屋年限、房屋成新率、装修折旧、物价上涨等因素,酌情认定上述财产损失为10万元,并无不妥。

综上,裁定驳回再审申请人陈某兴、陈某强的再审申请。

相关法条

《国有土地上房屋征收与补偿条例》

第二条 为了公共利益的需要,征收国有土地上单位、个人的房屋,应当对被征收房屋所有权人(以下称被征收人)给予公平补偿。

23 评估时点为房屋征收决定公告之日

问题提出

征收条例第十九条第一款规定,对被征收房屋价值的补偿,不得低于房屋征收决定公告之日被征收房屋类似房地产的市场价格。那么,评估时点是否必须为房屋征收决定公告之日?

法律解答

征收条例第十九条所称类似房地产,是指与被征收房屋的区位、用途、权利性质、档次、新旧程度、规模、建筑结构等相同或者相似的房地产;类似房地产的市场价格,是指在评估时点与被征收房屋类似的房地产的市场价格。评估时点为房屋征收决定公告之日。该条确立了不低于类似房地产的市场价格的制度,可以使被征收人用所得补偿在市场上能够买到区位、面积、用途、建筑结构等方面相当的房屋,这是征收条例确定的一项新制度,是针对被征收人的保护性条款。

但市、县级人民政府征收国有土地上房屋时,在以征收决定公告日作为评估时点后,应当尽可能快速通过签订补偿协议或者作出补偿决定的方式,及时对被征收人进行补偿,确保补偿的实质公平。因征收人原因,对被征收人作出的补偿决定明显存在不合理迟延且未能作出合理说明的情况下,若补偿决定作出时被征收房屋与产权调换房屋的价格发生较大变化,如再坚持以征收决定公告之日作为房屋价格评估时点,将不利于实现公平补偿;以补偿决定作出时点作为确定房屋价值的评估时点,更有利于实现公平补偿。而不能静止、孤立、机械地强调不论征收项目大小、征收项目实施日期以及是否存在市、县级人民政府及其职能部门的单方责任,也不考虑实际协议签订日或者补偿决定作出日甚至实际货币补偿款支付到位日的区别,均以征收决定公告之日作为评估时点。

当被征收人所提要求明显不符合法律规定而无法满足时,市、县级人民政府应当及时依法作出书面补偿决定,固定并提存相应补偿内容,而不能怠于履行补偿安置职责,以反复协商代替补偿决定,甚至以拖待变以致久拖不决,造成补偿安置纠纷经年得不到解决。此既损害被征收人补偿安置权益,又提高相应补偿安置成本,还损害政府依法行政的形象。

相关案例

居某等与某区人民政府房屋征收补偿决定案[①]

2013年7月19日,某区人民政府作出〔2013〕32号《某区人民政府房屋

[①] 《居某、李某再审行政判决书》,载中国裁判文书网,https://wenshu.court.gov.cn/website/wenshu/181107ANFZ0BXSK4/index.html?docId=e0d93e9163a940dfafcca9c901119082,2022年6月27日访问。

征收决定书》并公告，征收范围为：鼓二小以西、石井巷以南用地范围内国有土地上的所有房屋（具体范围以规划红线图为准）。《鼓楼第二中心小学以西地块旧屋区改造项目国有土地上房屋征收补偿方案》作为征收决定的附件于同日公布，补偿实行货币补偿和产权调换相结合的方式。本次征收活动的房屋征收部门为某区住房保障和房产管理局，征收实施单位为某区城建房屋征收工程处。签约期限为2013年7月30日至2013年9月7日。

某区南营××号×座×××单元房屋在上述项目征收范围内，于1997年9月25日获发榕房S字第081211号《房屋所有权证》，房屋所有权人为居某，屋式结构为混合结构，产权面积为私有面积89.74平方米，共有面积8.30平方米。居某于2014年6月15日去世后，该房屋由其妻李某及其女居某李、居某文共同居住使用。

某区房屋征收处分别于2015年4月15日、2015年7月27日向李某作出《约谈通知》并分别于2015年4月15日、2015年7月28日留置送达南营××号×座×××单元；于2016年1月13日对李某作出《约谈通知》并于当日送达李某本人。李某于2016年1月20日至原某街道办事处进行协商，但未与某区房管局达成协议。某区房屋征收处于2016年2月1日对居某李、居某文作出《约谈通知》并于同日在某社区工作人员的见证下进行送达，由李某代收但其未在送达回证上签字；某区房屋征收处于2016年3月31日对居某李、居某文分别作出《约谈通知》并于同日送达，由李某代收但其未在送达回证上签字。2016年4月7日，居某李、居某文至某街道办事处进行协商，但未与某区房管局达成协议。

2016年5月23日，某区人民政府对居某李等三人作出〔2016〕13号《某区人民政府房屋征收补偿决定书》，决定：(1) 区房屋征收部门应当对某区南营××号×座×××单元房屋征收以产权调换方式安置现房某区××楼××单元，建筑面积121.59平方米的住宅，产权调换差价款为136935元，安置房仍由居某李等三人使用。同时，支付搬迁补助费1470.6元，另给予增发3个月过渡费

2941.2元。(2) 你应当在接到本征收补偿决定书之日起十五日内将位于鼓楼区南营××号×座×××单元房屋腾空并交付区房屋征收部门。同日,在某社区工作人员的见证下,某区人民政府将13号补偿决定书送达李某,但其拒绝在送达回证上签字。同日,某区房管局在某社区工作人员的见证下在南营××号×座×××单元门口张贴13号补偿决定书。

一审法院判决驳回原告的诉讼请求。

二审法院判决驳回上诉,维持一审判决。

最高人民法院认为,本案的争议焦点是征收人在原评估报告载明的一年应用有效期内,未与被征收人签订补偿安置协议,也不及时作出补偿决定又无合理理由,作出补偿决定时点与征收决定公告时点明显不合理迟延,且同期被征收房屋价格上涨幅度明显高于产权调换房屋的,是否仍应以征收决定公告时点作为评估时点,并以此结算被征收房屋与产权调换房屋的差价款。

市、县级人民政府因公共利益征收国有土地上被征收人房屋时,应当对被征收人给予公平补偿;而公平补偿的基本要求即不得低于房屋征收决定公告之日被征收房屋类似房地产的市场价格。但近年来由于房屋价格波动幅度较大,如果征收决定公告日、签订补偿协议日或者作出补偿决定日、强制搬迁日以及实际支付货币补偿金日之间差距较大,尤其是如果确定并支付货币补偿金时点明显迟延于房屋价值的评估时点(征收决定公告时点),则难以保障被征收人得到的货币补偿金能够购买被征收房屋类似房地产,无法体现公平补偿原则。即使是以产权调换方式进行的补偿安置,由于被征收房屋通常位于中心城区而产权调换房屋可能位于次中心城区,而中心城区房屋价格上涨幅度一般而言要高于次中心城区房屋价格的上涨幅度。因此,市、县级人民政府在以征收决定公告日作为评估时点后,应当尽可能快速通过签订补偿安置协议或者作出补偿决定的方式,及时对被征收人进行补偿,并固定双方的权利义务,确保补偿的实质公平。因此,对上述法律规定中有关"被征收房屋价值评估时点为房屋征收决定公告之日"的规定,就应当结合征收条例有关"公平补偿"条款,作统一的法律解释，而不能静止、孤立、机械地强调不论征收项目大小、征收项目实施日期，以及是否存在市、县级人民政府及其职能部门的单方责任，也不考虑实际协议签订日或者补偿决定作出日甚至实际货币补偿款支付到位日的区别，均以征收决定公告之日作为评估时点。

显然，征收条例未明确规定市、县级人民政府与其职能部门应当在征收决定公告后何期限内必须以补偿安置协议或者补偿决定方式解决补偿安置问题，征收条例等法律文件也未规定如何判断相应的"合理期限"。因此，人民法院也不宜动辄轻率否定以"征收决定公告之日"作为评估时点的合理性，也不宜简单以"征收决定公告之日"起或者估价报告出具之日起的"一年"或者"两年"作为判断标准。但条例有关及时补偿的立法精神，第二十六条有关在征收补偿方案确定的签约期限内达不成补偿协议即应当作出补偿决定的规定，以及房地产市场价格波动的剧烈性，仍然可以为人民法院确定相应的合理期限提供指引。人民法院对在"征收决定公告之日"或者估价报告出具之日起的一年后作出的补偿决定是否仍应继续坚持以"征收决定公告之日"为确定补偿的评估时点，应结合以下因素综合判断：一是注意当地房地产市场价格波动的幅度并考虑评估报告的"应用有效期"。原则上应当在估价报告应用有效期内作出补偿决定，从估价报告出具之日起计，无正当理由的，市、县级人民政府一般宜在一年内签订补偿安置协议或者作出补偿决定。二是市、县级人民政府未在一年内作出补偿决定，是否存在可归责于被征收人的原因。如被征收人以种种理由拒绝配合征收补偿工作致使征收与补偿程序延误的，被征收人拒绝入户调查致使评估工作延误的，被征收人依法对评估报告复核、鉴定致使补偿决定迟延的，被征收人要求继续就补偿安置问题协商致使补偿决定未及时作出的等，在此等情形下，人民法院不宜以补偿决定未在一年内作出而另行确定补偿评估时点。三是补偿决定时点明显迟延且主要归责于市、县级人民政府与其职能部门自身原因的，同时房地产市场价格发生剧烈波动，按照超过"应用有效期"的评估报告补偿，明显不利于被征收人得到公平补偿的，则不宜再坚持必须以"征收决定公告之日"为确定补偿的评估时点。四是坚持征收条例第二十七条规定的实施房屋征收应当先补偿、后搬迁。即"作出房屋征收决定的市、县级人民政府对被征收人给予补偿后,被征收人应当在补偿协议约定或者补偿决定确定的搬迁期限内完成搬迁"。此处的"对被征收人给予补偿后"应当作限缩性理解,即不仅仅是签订协议或者作出补偿决定,而应理解为补偿协议约定或者补偿决定确定的款项已经交付(被征收人不接受的已经依法提存)、周转用房或者产权调换房屋已经交付(被征收人不接受的已经依法提存相关凭证与钥匙)。此时,市、县级人民政府申请强制搬迁的条件才符合《最高人民法院关于办理申请人民法院强制执行国有土地上房屋征收补偿决定案件若干问题的规定》。五是征收房屋范围是否过大,难以在一年内实施完毕,并存在分期实施征收决定的情形,且被征收房屋在强制搬迁前仍然继续由被征收人正常使用等因素。

对本案而言,某区人民政府于 2013 年 7 月 19 日作出 32 号征收决定书并于同日公告,此即应为确定涉案房屋市场价格的评估时点。32 号征收决定书载明"签约期限为 2013 年 7 月 30 日至 2013 年 9 月 7 日"。而根据征收条例第二十六条有关在征收补偿方案确定的签约期限内达不成补偿协议即应作出补偿决定的规定,某区人民政府在 2013 年 9 月 7 日签约期限届满后,即应立即启动作出补偿决定程序,并在合理的期限内作出补偿决定。然而,由于相关评估报告迟至 2015 年 4 月 15 日才向被征收人送达,从而导致某区人民政府因其自身原因未能在 2013 年 9 月 7 日签约期限届满后的合理期限内及时作出补偿决定。

2013 年 7 月 19 日 32 号征收决定书公告后,某区人民政府及相关部门在 2015 年 9 月才完成被征收房屋和产权调换房屋的估价报告,并迟延至 2016 年 3 月 31 日才最终完成相关评估报告的送达程序,2016 年 5 月 23 日才作出补偿决定,固定补偿安置内容。某区人民政府对此种不合理的迟延未能作出合理说明。2016 年 5 月 23 日,某区人民政府作出 13 号补偿决定书时,被征收房屋与产权调换房屋的价格已经发生较大变化，如再坚持以2013年7月19日32号征收决定书公告之日作为评估时点，将不利于实现公平补偿。事实上，现行法律制度下的征收与房屋强制赎买有一定的相似性，而市场经济条件下的房屋买卖在交付房屋与交付购买金时间间隔过长情况下的定价机制，以房屋实际交付时点确定的价格更为公平合理，即以一方交付房屋另一方交付购买金更为适宜；而房屋征收中的产权调换类似于以房换房，以双方同时交付房屋时点更为适宜。而对于以补偿决定而非补偿协议方式进行的产权调换而言，在补偿决定明显存在不合理迟延的情况下，以补偿决定作出时点作为确定房屋价值的评估时点，也更有利于实现公平补偿；此时的补偿决定书类似于以房换房的交割书，征收人与被征收人的权利义务自补偿决定书作出之日起，始得固定；被征收人有异议的，只能通过复议或者诉讼渠道解决。因此，本案被征收房屋和产权调换房屋价值评估时点，不宜再确定为征收决定公告时点的2013年7月19日，而应当确定为补偿决定作出时点的2016年5月23日。某区人民政府虽辩称因被征收人不配合以及双方多次协商从而导致2016年始作出补偿决定，但某区人民政府作为征收主体在被征收人不配合征收补偿程序时，依法有权作出相应处置。当被征收人所提要求明显不符合法律规定而无法满足时，应当及时依法作出书面补偿决定，固定并提存相应补偿内容，而不能怠于履行补偿安置职责，以反复协商代替补偿决定，甚至以拖待变以致久拖不决，造成补偿安置纠纷经年得不到解决。此既损害被征收人补偿安置权益，又提高相应补偿安置成本，还损害政府依法行政的形象，应当引以为戒。

综上，判决责令某区人民政府以征收补偿决定作出的2016年5月23日作为评估时点的市场评估价值为基准，依法确定被征收房屋与产权调换房屋之间的差价款。

补偿

曾某芝与某区人民政府房屋征收补偿案[①]

2014年9月29日，某区人民政府在房屋征收范围内公告了《某区内燃机宿舍片旧城改造项目房屋征收补偿方案》（征求意见稿）。同时，某区内燃机宿舍片房屋征收范围附图、《内燃机宿舍片旧城改造项目房屋征收预签约工作流程》、《内燃机宿舍片旧城改造项目房屋征收预签约个性化奖励办法》作为附件一并公告。2015年1月8日，某区人民政府作出〔2015〕1号《房屋征收决定书》，决定征收某区内燃机宿舍片旧城改造项目范围内国有土地上的房屋，并于同日公告。同时《某区内燃机宿舍片旧城改造项目房屋征收补偿方案》作为附件一并进行了公告。某区房屋征收管理办公室对征收范围内国有土地上房屋情况进行了调查，曾某芝的房屋位于征收范围内，房屋用途登记为住宅，房屋建筑面积为68.70平方米。2014年9月22日，某区征收办发布《某区内燃机宿舍片旧城改造项目选择房地产价格预签约评估机构的公告》，以发放《协商意见书》形式征求被征收人意见，以投票结果的多数确定预签约评估机构。根据《协商意见书》的统计结果，征收范围内住户1300余户，共有905户选择了预签约评估机构，且全部确认如某区人民政府对本项目下达正式征收决定，同意选择预签约评估机构为正式机构，同时，某区内燃机宿舍片旧城改造项目702户的被征收人同意选择土地房地产评估公司作为该征收项目的房地产价格预签约评估机构和正式评估机构。按照少数服从多数的原则，某评估公司选定为某区内燃机宿舍片旧城改造项目的房地产价格评估机构。2015年1月9日某区征收办发布了《某区内燃机宿舍片旧城改造项目选定正式评估机构结果公告》。2015年1月12日，某区征收办公示了某评估公司出具的某区内燃机宿舍片旧城改造项目被征收房屋价值补偿的分户正式评估初步

[①] 《曾某芝、某区人民政府再审审查与审判监督行政裁定书》，载中国裁判文书网，https://wenshu.court.gov.cn/website/wenshu/181107ANFZ0BXSK4/index.html?docId=c45871baacad4815ad72aafc00c13ad6，2022年6月27日访问。

结果,并告知复核权利及期限。2016 年 7 月 2 日,某区征收办向曾某芝直接送达《分户评估报告》,曾某芝未签字领取。曾某芝对《分户评估报告》亦未申请复核和鉴定。2016 年 8 月 2 日,某区征收办向曾某芝送达了《敦请协商、签订房屋征收补偿协议的催告书》,敦促曾某芝前去协商签订征收补偿协议,曾某芝未签字未领取,双方亦始终未能达成协议。经房屋征收部门报请,某区人民政府于 2016 年 10 月 11 日作出被诉政征补字〔2016〕1-10 号《补偿决定书》,并于当日在房屋征收范围内进行张贴公告,又于 2016 年 10 月 12 日在《长江日报》进行公告送达。

湖北省武汉市中级人民法院一审判决驳回曾某芝的诉讼请求。

曾某芝不服,提起上诉。湖北省高级人民法院二审判决驳回上诉,维持原判。

最高人民法院经审查认为,原审判决认定事实不清,主要证据不足,主要理由如下:

1. 关于涉案分户评估报告是否送达的问题。《国有土地上房屋征收评估办法》第十七条第一款规定,分户初步评估结果公示期满后,房地产价格评估机构应当向房屋征收部门提供委托评估范围内被征收房屋的整体评估报告和分户评估报告。房屋征收部门应当向被征收人转交分户评估报告。本案中,根据某区人民政府在原审中提供的证据显示,某评估公司针对曾某芝的房屋共作出 4 份评估报告,均作为某区人民政府《补偿决定书》的依据。但某区人民政府只向曾某芝送达了《房屋评估报告》,其并未提供证据证明送达了《装修评估报告》《构筑物评估报告》《安置补偿费评估报告》。在一审的庭审笔录中,某区人民政府辩称上述三份评估报告不需要送达,但并未提出相关法律依据。评估报告的送达是征收补偿的重要程序,某区人民政府未依法送达评估报告,剥夺了被征收人申请复核评估及鉴定的权利,程序违法。

2. 关于评估报告时点及有效期问题。虽然征收条例等相关规定对市、县级人民政府作出征收补偿决定的期限没有明确规定,但按照征收条例第二条、第二十六条第二款的规定,对被征收人应给予公平补偿。近年来,由于房屋价格波动幅度较大,如果征收决定公告日与作出补偿决定之日之间差距较大,确定并支付货币补偿金时点明显迟延于房屋价值的评估时点(征收决定公告时点),则难以保障被征收人得到的货币补偿金能够购买被征收房屋类似房地产,无法体现公平补偿原则。在此情况下,可参照《房地产抵押估价指导意见》第二十六条"估价报告应用有效期从估价报告出具之日起计,不得超过一年;房地产估价师预计估价对象的市场价格将有较大变化的,应当缩短估价报告应用有效期。超过估价报告应用有效期使用估价报告的,相关责任由使用者承担。在估价报告应用有效期内使用估价报告的,相关责任由出具估价报告的估价机构承担,但使用者不当使用的除外"的规定对相关情况进行判断。评估报告在作出一年后才予以送达,市、县级人民政府在评估报告作出一年后才进行补偿的,行政机关应进行合理的解释说明,如果能够证明过分延迟送达评估报告、作出补偿决定是因为被征收人的原因造成的,或虽延迟作出补偿决定但足以实现公平补偿的,可认可补偿决定的合法性;如果过分延迟作出补偿决定是因房屋征收部门或市、县级人民政府造成的,且在此期间房屋价格发生较大幅度上涨,则再以评估报告作为补偿依据不符合条例规定的公平补偿原则,不宜再坚持必须以"征收决定公告之日"作为确定补偿的评估时点。本案根据原审查明的事实,涉案评估结果的作出时间是2015年1月12日,《房屋评估报告》送达时间是2016年7月2日,某区人民政府作出本案被诉《补偿决定书》的时间是2016年10月11日,距评估报告作出时间已经超过一年。

综上,裁定本案指令湖北省高级人民法院再审。

相关法条

《国有土地上房屋征收与补偿条例》

第二条 为了公共利益的需要,征收国有土地上单位、个人的房屋,应当对被征收房屋所有权人(以下称被征收人)给予公平补偿。

24 评估报告不送达是否违法

问题提出

我们在报纸上经常可以看到分户评估报告的送达公告,分户报告是否必须送达?

法律解答

法律文书送达是行政机关执法过程中非常重要的一项程序,在诸如行政处罚、行政强制措施、行政征收等行政行为中,送达更是行政行为发生法律效力的前提条件。如果送达程序不符合法律要求,可能会导致整个行政行为合法性存在问题,甚至在行政诉讼中会面临败诉的风险。实践中,行政机关在送达过程中常会遇到地址不准确、相对人不配合、拒收等情况。

行政处罚法规定,行政处罚决定书应当在宣告后当场交付当事人;当事人不在场的,行政机关应当在七日内依照民事诉讼法的有关规定,将行政处罚决定书送达当事人。行政机关的处罚决定只有在送达给当事人之后,才能对当事人产生实际法律效力,才能对当事人的实体权利义务构成实质影响。但现代社会人们生活节奏快,人口流动量大,加之一些当事人对于法律文书送达不同程度上存在逃避心理,造成行政执法机关制作的执法文书"送达难"的问题,成为制约征收机关工作效率的重要因素。

我国的现行民事诉讼法规定了直接送达、留置送达、委托送达、邮寄送达、转交送达和公告送达。应当注意的是:此处方式选择有递进关系和先后顺序。其中较常见的是直接送达、留置送达和邮寄送达。行政机关在送达行政执法文书时应按照以下顺序采取不同的送达方式:首先采用直接送达,当直接送达不能达到目的时才可以采用留置送达;留置送达不成,才可以采用邮寄送达；邮寄送达不成，才可以采用公告送达。

相关法条

《中华人民共和国民事诉讼法》

第八十七条 送达诉讼文书必须有送达回证，由受送达人在送达回证上记明收到日期，签名或者盖章。

受送达人在送达回证上的签收日期为送达日期。

第八十八条 送达诉讼文书，应当直接送交受送达人。受送达人是公民的，本人不在交他的同住成年家属签收；受送达人是法人或者其他组织的，应当由法人的法定代表人、其他组织的主要负责人或者该法人、组织负责收件的人签收；受送达人有诉讼代理人的，可以送交其代理人签收；受送达人已向人民法院指定代收人的，送交代收人签收。

受送达人的同住成年家属，法人或者其他组织的负责收件的人，诉讼代理人或者代收人在送达回证上签收的日期为送达日期。

第八十九条 受送达人或者他的同住成年家属拒绝接收诉讼文书的，送达人可以邀请有关基层组织或者所在单位的代表到场，说明情况，在送达回证上记明拒收事由和日期，由送达人、见证人签名或者盖章，把诉讼文书留在受送达人的住所；也可以把诉讼文书留在受送达人的住所，并采用拍照、录像等方式记录送达过程，即视为送达。

第九十条 经受送达人同意，人民法院可以采用能够确认其收悉的电子方式送达诉讼文书。通过电子方式送达的判决书、裁定书、调解书，受送达人提出需要纸质文书的，人民法院应当提供。

采用前款方式送达的，以送达信息到达受送达人特定系统的日期为送达日期。

第九十一条 直接送达诉讼文书有困难的，可以委托其他人民法院代为送达，或者邮寄送达。邮寄送达的，以回执上注明的收件日期为送达日期。

第九十二条 受送达人是军人的,通过其所在部队团以上单位的政治机关转交。

第九十三条 受送达人被监禁的,通过其所在监所转交。

受送达人被采取强制性教育措施的,通过其所在强制性教育机构转交。

第九十四条 代为转交的机关、单位收到诉讼文书后,必须立即交受送达人签收,以在送达回证上的签收日期,为送达日期。

第九十五条 受送达人下落不明,或者用本节规定的其他方式无法送达的,公告送达。自发出公告之日起,经过三十日,即视为送达。

公告送达,应当在案卷中记明原因和经过。

25 评估异议的复核鉴定权利

问题提出

征收条例第十九条第二款规定了被征收人"对评估确定的被征收房屋价值有异议的,可以向房地产价格评估机构申请复核评估。对复核结果有异议的,可以向房地产价格评估专家委员会申请鉴定",也就是赋予了被征收人对评估异议的复核和鉴定权利。既然是权利,自然也可以放弃,被征收人不行使是否有影响?

法律解答

被征收房屋价值评估结果是否客观公平,直接关系被征收人的切身利益。从目前来看,被征收人对征收的不满意主要在于对评估价值的争议,为保证评估结果的客观、公正,征收条例赋予了被征收人对评估异议的复核和鉴定权利。

"法律不保护权利上的睡眠者",这句话告诉我们,法律只保护那些积极主张权利的人，而不保护怠于主张权利的人。我国法律规定的时效制度，正是为了督促债权人尽快行使权利。

《国有土地上房屋征收评估办法》第二十条第一款规定，被征收人或者房屋征收部门对评估结果有异议的，应当自收到评估报告之日起10日内，向房地产价格评估机构申请复核评估。第二十二条规定，被征收人或者房屋征收部门对原房地产价格评估机构的复核结果有异议的，应当自收到复核结果之日起10日内，向被征收房屋所在地评估专家委员会申请鉴定。

也就是说，目前被征收人对评估异议的复核和鉴定权利的行使期限是10日内，这在法律上一般理解为除斥期间。又称"预定期间""预备期间"，权利人在法律规定的期限内不行使其权利，其权利即被除斥。它是法律规定的不变期间，一般不发生期间中断、中止或延长问题。

相关案例

赵某敏与某区人民政府房屋征收补偿决定案[①]

最高人民法院经审查认为，本案的争议焦点为603号补偿决定是否合法。根据一审、二审法院查明的事实，某区人民政府经法定程序作出的603号补偿决定，能够较好保障赵某敏的合法权益，其合法性应予认可。赵某敏在收到评估分户报告单后，亦未按照征收条例第十九条第二款之规定申请复核、鉴定。故某区人民政府依据评估报告作出603号补偿决定，并未侵犯赵某敏的合法权益。特别是产权调换的补偿方式中，安置房的价值亦会随着房地产市场的整体状况而波动。涉案房屋在性质上属于企业产租赁住宅房屋，从赵某敏提供的材料看，《房屋现状调查表》（复印件）中填写的面积与其作为承租人的《某市公有住房租赁合同》（复印件）中记载的面积相符；就土地面积而言，根据

[①] 《赵某敏、某区人民政府再审审查与审判监督行政裁定书》，载中国裁判文书网，https：//wenshu.court.gov.cn/website/wenshu/181107ANFZ0BXSK4/index.html? docId = 9ac4867f61124198bb2aaafc00c134dc，2022年6月27日访问。

《国有土地上房屋征收评估办法》第十一条第一款之规定，被征收房屋价值已经包含房屋占用范围内的土地使用权价值。据此，赵某敏申请再审的理由均不能成立。一审、二审法院分别判决驳回诉讼请求、驳回上诉，亦无不当。

综上，裁定驳回赵某敏的再审申请。

杨某与某县人民政府房屋征收补偿决定案[①]

最高人民法院认为，本案中，某县人民政府于2017年3月15日作出的征决字〔2017〕第2号《某镇建设街北侧平房区域改造房屋征收决定》的效力已经法院生效判决予以确认。因房屋征收实施单位与杨某在征收补偿方案确定的签约期限内达不成补偿协议，某县人民政府按照征收补偿方案、依据分户评估报告结果就案涉房屋征收补偿安置事项作出《补偿决定》，符合法律规定。

关于评估报告可否作为补偿依据的问题。首先，被征收人在收到分户评估报告后，具有向房地产价格评估机构申请复核评估、对复核结果有异议可向被征收房屋所在地评估专家委员会申请鉴定的权利，足以维护自己的合法权益。本案中，杨某因认为分户评估建筑物补偿标准过低，申请复核评估，经复核评估维持原结论。此后，其并未申请鉴定，视为其认可案涉评估报告。其次，评估报告能否准确反映被征收房屋的价值不仅需要行政机关和评估机构依法依规实施评估，同时也离不开被征收人自身的配合与协助。如果被征收人拒绝履行配合与协助的义务导致无法评估，不利后果应由被征收人承担。杨某主张案涉房屋采取外围评估，房屋装修未获补偿。经一审法院查明，因杨某的原因导致无法入户调查，无法评估被征收房屋的装饰装修等价值，故不利后果应由其承担。被征收房屋的装饰装修等可待入户按实际评估后按规定予以补偿，本案不予处理。

[①]《杨某、某县人民政府再审审查与审判监督行政裁定书》，载中国裁判文书网，https://wenshu.court.gov.cn/website/wenshu/181107ANFZ0BXSK4/index.html？docId=f7237e3f33f443c687d3ab1b0113ee1c，2022年6月27日访问。

综上，裁定驳回再审申请人杨某的再审申请。

相关法条

《国有土地上房屋征收与补偿条例》

第十九条第一款、第二款 对被征收房屋价值的补偿，不得低于房屋征收决定公告之日被征收房屋类似房地产的市场价格。被征收房屋的价值，由具有相应资质的房地产价格评估机构按照房屋征收评估办法评估确定。

对评估确定的被征收房屋价值有异议的，可以向房地产价格评估机构申请复核评估。对复核结果有异议的，可以向房地产价格评估专家委员会申请鉴定。

26 评估机构提供虚假证明材料的责任

问题提出

评估机构在诉讼中提供虚假证明材料，要承担哪些责任？

法律解答

房屋征收评估是开展国有土地上房屋征收与补偿工作的重要环节。根据征收条例和《国有土地上房屋征收评估办法》的规定，由依法确定的有资质的房地产价格评估机构开展房屋征收评估，为房屋征收部门与被征收人确定被征收房屋价值的补偿、计算被征收房屋价值与用于产权调换房屋价值的差价提供依据。房屋征收评估结果直接关系到群众尤其是被征收人的切身利益，其关注度高、涉及面广。因此，进一步加强和规范房屋征收评估管理很有必要。

被征收房屋价值评估结果是否客观公平，直接关系被征收人的切身利益。被征收房屋价值评估活动应当独立、客观、公正。

所谓"独立"，就是要求房地产价格评估机构和评估人员与房屋征收当事人无利害关系，在房屋评估活动中不受包括房屋征收部门、被征收人在内的任何单位和个人的影响，凭自己的专业知识、经验和职业道德进行评估。

所谓"客观"，就是要求房地产价格评估机构和有关评估人员在评估中不带着自己的情感、好恶和偏见，应按照事物的本来面目、实事求是地进行评估。

所谓"公正"，就是要求房地产价格评估机构和有关评估人员在评估活动中不偏袒征收当事人中任何一方，坚持原则，客观评估。

为了保证被征收房屋价值评估结果客观公平，应当为房地产价格评估机构独立、客观、公正开展房屋征收评估工作创造良好的执业环境，任何单位和个人不得干预房屋征收评估活动，包括评估过程和评估结果。征收条例所说的任何单位和个人，包括各级人民政府、房屋征收部门、房屋征收实施单位及其工作人员以及被征收人。所说的不得干预，包括不得以任何理由、任何方式，要求房地产价格评估机构和有关评估人员高估或低估被征收房屋的价值。

相关案例

魏某英、齐某与某市人民政府强制清除地上物并行政赔偿案[①]

魏某英、齐某在某村东侧有7.2亩承包地，2008年之前即开始在承包地上从事苗木、风景树繁育、销售活动。某铁路客运专线途经新民市七个乡、镇、街道，魏某英、齐某的承包土地在该工程用地范围之内。为配合某铁路客运专线工程建设，2009年6月25日和2013年12月18日，某市人民政府两次发布公告，禁止在项目用地范围内抢栽抢建。2013年12月21日，新民市政府发布《某铁路客运专线（新民段）项目建设征地拆迁补偿实施方案》，附件中关于紫叶稠李的补偿标准为每株50元。2014年3月9日，某市人民政府组织人员对魏某英、齐某承包地上的苗木进行核查，确认承包地上栽种有3年生紫叶稠李

---

① 《魏某英、齐某与某市人民政府强制清除地上物行政赔偿案》，载《最高人民法院公报》2019年第6期。

23116 株，某评估所丛某健、裴某峰、张某强三人参加了核查工作。2014 年 3 月 9 日，某市人民政府发布《关于清除某客专铁路沿线非法抢栽抢建地上物和设施的通知》，要求抢栽抢建的当事人自通告发布之日起 3 日内自行清除抢栽抢建的地上物和设施，逾期不自行清除的，公安机关及有关执法部门将依据相关法律法规规定，予以强制清除。2014 年 3 月 13 日，某市人民政府对魏某英、齐某 7.2 亩承包地上的紫叶稠李实施了强制清除。魏某英、齐某不服，诉至沈阳市中级人民法院，请求确认强制清除行为违法，赔偿经济损失 147 万元。

本案二审判决生效后，某市人民政府委托某评估所对魏某英、齐某的紫叶稠李进行价格评估，某评估所于 2015 年 8 月 28 日出具了评字〔2015〕第 530 号《某客专项目涉及齐某所有紫叶稠李资产价值评估报告书》，认定魏某英、齐某的紫叶稠李苗木价格为每株 5 元，评估技术人员为周某杰、张某亮。某市人民政府将该评估报告作为新证据提交本院，请求撤销一、二审判决。

一审法院判决确认某市人民政府强制清除行为违法，某市人民政府在判决生效之日起十五日内赔偿魏某英、齐某地上种植物损失 1155800 元。

某市人民政府不服提起上诉。二审判决驳回上诉，维持原判。

某市人民政府申请再审。

最高人民法院经审查认为，某市人民政府在未取得征地批复、未发布征地公告的情况下，认定魏某英、齐某栽种的紫叶稠李属于抢栽抢种，并予以强制清除，缺乏事实和法律依据，某市人民政府违法强制清除造成魏某英、齐某的财产损失，应当依法赔偿。

一、关于紫叶稠李的株数问题

《最高人民法院关于行政诉讼证据若干问题的规定》第五十三条规定，人民法院裁判行政案件，应当以证据证明的案件事实为依据。2014 年 9 月 16 日，某评估所出具《关于齐某所有紫叶稠李资产调查情况的说明》，内容为：某评估所接受某市土地房屋征收办公室委托，2014 年 3 月 9 日与某街道、某村委会派员共同进行调查，认定齐某所有紫叶稠李苗龄 3 年，总株数为 23116 株。该调查结果系苗木核查过程中形成的资料，某市人民政府亦予认可，并作为己方证据向一审法院提交，一审庭审质证过程中，双方当事人均未对该证据的真实性、合法性提出质疑。一审采纳该证据，认定魏某英、齐某被强制清除的紫叶稠李株数，并无不当。某市人民政府再审申请称，《紫叶稠李情况说明》不能显示植物密度的合理性，否定该证据的证明效力，但没有提供足以推翻该证据的反证，且在本院询问过程中某市人民政府的委托代理人称，不再对紫叶稠李的株数提出异议。故对某市人民政府有关紫叶稠李株数的申请再审理由，本院不予支持。

二、关于赔偿标准问题

国家赔偿法第三十六条第八项规定，侵犯公民、法人和其他组织的财产权造成损害的，按照直接损失给予赔偿。所谓直接损失，是指受到损害财产的市场价值。某市人民政府违法强制清除魏某英、齐某栽种的紫叶稠李，应当按照紫叶稠李的市场评估价格予以赔偿。在紫叶稠李已经被强制清除，无法根据现状进行评估的情况下，一审、二审判决参照某市人民政府征收补偿方案规定的每株50元的标准予以赔偿，体现了市场价格赔偿的基本原则，判决结果并无不当。某市人民政府主张补偿方案中每株50元的补偿标准系针对紫叶稠李成树的补偿标准，但是，从补偿方案的表述看，并不能得出该结论，且某市人民政府亦未提供其他相关证据证明其主张。某市人民政府将530号评估报告作为"新的证据"向本院提交。根据《最高人民法院关于行政诉讼证据若干问题的规定》第五十二条规定，再审"新证据"是指以下证据：（1）在一审程序中应当准予延期提供而未获准许的证据；（2）当事人在一审程序中依法申请调取而未获准许或者未取得，人民法院在第二审程序中调取的证据；（3）原告或者第三人提供的在举证期限届满后发现的证据。本案中，某市人民政府在一审、二审程序中，均未对涉案的紫叶稠李价格申请评估，在二审判决生效后，委托评估机构作出的评估结论，明显不属于应当再审的"新证据"。

三、关于评估报告的真实性问题

某评估所接受某市人民政府的委托作出的530号评估报告，严重违反评估程序，评估结论没有事实依据，不具有真实性，不能作为认定涉案紫叶稠李赔偿价格的依据。主要理由如下：

（1）根据《资产评估准则——评估程序》第十一条的规定，注册资产评估师应当首先明确评估目的。530号评估报告中确定的评估目的为："核定齐某所有的紫叶稠李资产总价值，客观、公正作出征收紫叶稠李的补偿标准，为委托方征收补偿提供依据"，该评估目的与客观事实存在冲突。首先，辽宁省高级人民法院已于2015年4月24日作出二审判决，确认某市人民政府强制清除紫叶稠李的行为违法，需进行赔偿而非补偿；其次，某市人民政府已于2013年制订了某客专项目（新民段）征地拆迁补偿实施方案，明确了包括紫叶稠李在内的各种地上物的补偿标准。故530号评估报告确定的评估目的不能成立。

（2）根据《资产评估准则——评估程序》第六条的规定，现场调查属于基本评估程序，注册资产评估师不得随意删减基本评估程序。某评估所称，涉案紫叶稠李的现场调查工作就是该所于2014年3月9日开展的调查工作。第一，2014年3月9日某评估所进行的调查在其接受本次资产评估委托之前，且2014年的调查并非以资产价值评估为目的开展的调查，某市人民政府在二审及再审申请中均明确，2014年的调查仅系逐户普查的程序性资料，该调查不能替代本次评估中的调查程序；第二，2014年3月9日参与调查的人员系某评估所的丛某健、裴某峰、张某强三人，与完成本次评估的人员完全不同；第三，2014年3月9日的调查表，对于紫叶稠李仅有"树龄3年，树高1.2米"的描述，缺乏地径、胸径、冠幅、分枝数量等具体状态的陈述和记载；第四，2014年3月9日调查的影像资料只有数张现场照片，无拍摄地点、拍摄时间、比例尺等信息，无法准确还原涉案紫叶稠李的全貌。故530号评估报告缺少现场调查程序。

（3）530号评估报告中确定的评估基准日为2015年8月28日，该评估基准日并非涉案紫叶稠李被强制清除的时间。在法院询问中，某评估所称自2013年以来，苗木市场价格逐年走低。评估报告以2015年8月作为评估基准日，涉案紫叶稠李在被强制清除时的价值难以准确体现。

（4）根据《资产评估准则——评估程序》第十九条的规定，注册资产评估师应当通过多种方式进行调查，获取评估业务需要的基础资料，了解评估对象现状，关注评估对象法律权属。涉案紫叶稠李系3年生，在2012年春季经过一次平茬。某评估所称在评估时系以1年生的苗条作为询价对象，未将涉案紫叶稠李按3年树龄的整树作为询价对象，询价对象严重失实。

（5）530号评估报告采用的评估方法是市价法。根据《资产评估准则——评估程序》第二十二条至第二十四条的规定，注册资产评估师应当根据业务需要收集评估资料，并进行必要分析、归纳和整理，形成评定估算的依据，其中评估资料应包括查询记录、询价结果、行业资讯、分析资料等形式。某评估所在询问中称评估技术人员进行了市场询价，但不能提供准确的询价对象、询价方式、询价过程以及评估师如何通过具体的分析、计算和判断，形成初步评估结论及最终评估结论。评估结论没有任何事实依据。

（6）根据《资产评估准则——工作底稿》的规定，注册资产评估师执行资产评估业务，应当编制和管理工作底稿。工作底稿包括管理类工作底稿和操作类工作底稿，其中操作类工作底稿应当包括市场调查及数据分析资料、相关的历史和预测资料、询价记录、其他专家鉴定及专业人士报告等内容。某评估所称开展了网络及电话询价、咨询行业专家等工作，但在询问中承认并未制作和保存任何工作底稿，无法证明其开展了相关询价、咨询专家等工作。

（7）根据《资产评估准则——评估报告》第六条的规定，评估报告中应当提供必要信息，使评估报告使用者能够合理理解评估结论。530号评估报告的结论为，涉案紫叶稠李的现行市场价格为每株5元，但是在某市人民政府2013年制订的征地拆迁补偿实施方案中紫叶稠李补偿价格为每株50元，二者价格存在十倍差距，但是评估报告中对此差距未作任何说明和分析。

某评估所作出的530号评估报告违反评估程序，评估结论缺乏基本的事实根据，属于提供虚假证明材料，妨碍人民法院审理案件的行为，根据行政诉讼法第五十九条第一款第二项以及第二款的规定，对某评估所及其主要负责人、直接责任人员处以罚款处罚。

综上,裁定驳回某市人民政府的再审申请。

相关法条

《国有土地上房屋征收与补偿条例》

第二十条 房地产价格评估机构由被征收人协商选定;协商不成的,通过多数决定、随机选定等方式确定,具体办法由省、自治区、直辖市制定。

房地产价格评估机构应当独立、客观、公正地开展房屋征收评估工作,任何单位和个人不得干预。

27 补偿方式为何首选产权调换

问题提出

征收条例第二十一条第一款规定了"被征收人可以选择货币补偿,也可以选择房屋产权调换",为何在征收补偿决定中在当事人不选择的情况下默认选择房屋产权调换?

法律解答

房屋是居民赖以生存的重要生活资料,房屋被拆除,势必会给居民的生活带来不便。允许被征收人根据自己的实际需要选择补偿形式,有利于保护被征收人的合法权益,减少矛盾纠纷的发生。

征收条例第二十一条第三款规定,因旧城区改建需要征收个人住宅的,政府应当在改建地段或者就近地段予以安置。因为在旧城区改建中,能否原地回迁、就近安置是当前被拆迁人反映较多,矛盾较为集中的一个问题。问题本身具有两面性,一方面,因旧城改建需要征收个人住宅的,被征收人原住房面积一般较小，但地理位置较好，生活成本低，由于周边房价较高，被征收人用征收补偿款购买的房屋可能面积小，人口多、住不下的问题仍会突出；另一方面，如果放弃在改建地段或者就近地段回迁，被征收人的住房条件可能会得到较大的改善，但可能面临生活成本上升，公共服务设施配套不全等问题。

本款有三层含义：一是只适用于因旧城区改建需要，征收个人住宅的情况；二是只有被征收人选择在改建地段进行房屋产权调换的情况下才适用，若被征收人不选择在改建地段进行房屋产权调换，则不适用；三是在同时满足上述两个前提的情况下，作出房屋征收决定的市、县级人民政府应当提供改建地段或者就近地段的房屋。这里的"改建地段"应当是指同一项目；分期建设的，在各期中安置均应符合本条规定。这里的"就近地段"，由于城市规模、居民生活习惯不同，难以确定全国的统一标准，由各地在制定细则时确定。

在当前房屋价格时有较大幅度上涨的前提下，在双方协议不成的情况下，为了保护被征收人利益，一般征收补偿决定中在明确"被征收人可以选择货币补偿，也可以选择房屋产权调换"的同时，给予征收人一定期限后的最终产权调换决定权，这是有利于被征收人的，也是适当的。

相关案例

苏某鹏与某区人民政府征收补偿决定案[1]

某区人民政府于2018年12月6日作出被诉征补决定，主要内容为：为进行某地块棚户区改造和环境整治项目建设，某区人民政府于2018年1月8日依法作出征字〔2018〕1号《房屋征收决定》，已于当日在征收范围内及某市住房和城乡建设委员会网站公布。对征收范围内的房屋及其附属物实施征收，国有土地使用权同时收回。被征收人苏某鹏的房屋一处在涉案项目征收范围内。涉案

---

[1] 《苏某鹏与某区人民政府其他二审行政判决书》，载中国裁判文书网，https://wenshu.court.gov.cn/website/wenshu/181107ANFZ0BXSK4/index.html?docId=762227dc8fde499dabf1ab4a000bca0a，2022年6月27日访问。

项目于 2017 年 6 月 18 日开始启动预签约征收补偿协议工作，以该日期作为价值时点，某房地产土地评估公司出具了《某市国有土地上房屋预征收估价报告》。某区政府于 2018 年 1 月 8 日作出征收决定，以该日期作为价值时点，被征收房屋的标准房屋市场价格是 56160 元/平方米，根据《征收补偿方案》第一章第九条按照"就高不就低"的原则规定，涉案项目标准房屋市场价格最终确定为 58356 元/平方米，标准房屋重置成新价为 2220 元/平方米。因某区征收中心与被征收人苏某鹏在征收决定公告的签约期限内达不成补偿协议，区征收办报请本机关作出补偿决定。决定如下：（1）货币补偿方式。被征收人苏某鹏应得补偿款 4711210.53 元。（2）房屋产权调换补偿方式按照《征收补偿方案》确定的产权调换原则，在剩余产权调换房源中为被征收人苏某鹏提供北花园小区××号，建筑面积为 100.3 平方米的房屋作为产权调换房屋，被征收人苏某鹏需支付购买上述产权调换房屋购房款 1296678.40 元。结算后，应得补偿款 2481011 元。（3）临时安置补偿。①征收部门对被征收人给予临时安置补偿。依据被征收房屋建筑面积，按照 200 元/平方米·月的标准发放，不足 5000 元/月的，补足至 5000 元/月发放（该项补偿已包含在上述被征收人应得补偿款中）。②被征收人选择的产权调换房屋全部为现房或者货币补偿的，一次性发放 4 个月临时安置补偿（该项补偿已包含在上述被征收人应得补偿款中）。（4）停产停业损失补偿。具体标准按照《某区征收国有土地上住宅房屋停产停业损失补偿标准》的规定执行。（5）搬迁费补偿。征收部门按照被征收房屋建筑面积给予被征收人搬迁费，补偿标准为 40 元/平方米（该项补偿已包含在上述被征收人应得补偿款中）。（6）移机费用补偿。征收部门按照以下标准给予被征收人移机费用：电话移机费：300 元/台；有线电视移机费：500 元/户；空调移机费：500 元/台；热水器移机费：400 元/台；即插即热型厨宝移机费：400 元/台；宽带移机费：400 元/户。被征收人需向征收部门提供购机发票或者收、缴费单据的复印件。（7）无自建房或自行拆除自建房补助。征收部门按照《征收补偿方案》的规定，被征收人苏某鹏未签署《某地块棚户区改造和环境整治项目无自建房或同意自行拆除自建房声明》，无该项补助。(8) 特殊困难补助。征收部门按照《征收补偿方案》的规定，被征收人能够提供真实、有效的证明文件的，按规定的标准给予相应特殊困难补助。被征收人苏某鹏应在收到本补偿决定之日起十五日内，在货币补偿或房屋产权调换方式中确定一种补偿方式，同时与某区征收中心办理搬迁补偿手续，结清相关费用并领取补偿款。被征收人苏某鹏逾期未确定补偿方式的，视为选择房屋产权调换补偿方式。为被征收人苏某鹏提供北花园小区××号产权调换房屋，自搬入该房屋后发生的水、电、燃气、物业等费用，由被征收人苏某鹏自行支付。被征收人苏某鹏应在收到补偿决定之日起十五日内，将某区驼房营×号楼×层××号房屋腾空，交某区征收中心拆除，办理搬迁补偿手续后，搬入确定的产权调换房屋内。被征收人苏某鹏对补偿决定不服的，可在本补偿决定送达之日起六十日内依法申请行政复议，也可在补偿决定送达之日起六个月内依法向人民法院提起行政诉讼。被征收人在法定期限内不申请行政复议或者不提起行政诉讼，在补偿决定规定的期限内又不搬迁的，某区人民政府将依法申请人民法院强制执行。

一审法院认为，本案中涉案房屋建筑面积58.41平方米，在《征收决定》规定的签约期内可以按照征补方案中的产权调换原则，征收人与被征收人签订征收安置补偿协议。但在双方协商未果的情况下，某区人民政府在被诉征补决定中提供《征收补偿方案》中的某小区的房屋作为产权调换房屋，保障了苏某鹏的住房需求，并无不妥……判决驳回苏某鹏的诉讼请求。

二审法院判决驳回上诉，维持一审判决。

陈某河与某市人民政府行政赔偿案[①]

河南省洛阳市中级人民法院（2005）洛行初字第11号判决认为，鉴于陈

[①] 《某市人民政府与陈某河其他申诉行政裁定书》，载中国裁判文书网，https://wenshu.court.gov.cn/website/wenshu/181107ANFZ0BXSK4/index.html? docId=51eccdacc6044943b39bb8d111d3c93f，2022年6月27日访问。

某河的房屋已经被拆除，评估已失去了客观条件，其赔偿标准可参照《1997年拆迁安置补偿标准》规定。判决某市人民政府在30日内支付给陈某河房屋拆迁补偿款94706.52元（含陈某河已领取的20000元）。

陈某河、某市人民政府均不服一审判决，向河南省高级人民法院提起上诉。

河南省高级人民法院二审判决驳回上诉，维持原判。

最高人民法院认为，原审判决认为陈某河的房屋已被拆除，已失去评估的客观条件，故参照《1997年拆迁安置补偿标准》确定陈某河房屋价值，显属不当。

某市人民政府及相关职能部门，在2002年未依法将争议房屋性质确定为营业房，是双方未能就拆迁补偿安置达成一致、导致陈某河未能依法获得补偿安置的主要原因。陈某河自2002年房屋被拆除至今未得到公平合理的安置补偿，其中既有拆迁人某房地产公司未履行补偿安置责任的原因，也有某市人民政府及相关职能部门未依法行政的原因。在房屋价格明显上涨且被拆迁人未及时获得合理补偿安置的前提下，一审、二审判决某市人民政府仅向陈某河支付按《1997年拆迁安置补偿标准》确定的拆迁补偿安置款，对陈某河明显有失公平。

陈某河配合拆迁工作，服从相关政府部门的要求，在未依法获得补偿安置的情况下，将房屋及附属物交由相关部门拆除，其自身并无过错，不应承担相应的损失。拆迁人某房地产公司和某市人民政府及其职能部门有义务保证陈某河得到公平合理的补偿安置。陈某河有权要求根据拆迁当时有效的《城市房屋拆迁管理条例》第二十三条和第二十四条的规定，主张实行房屋产权调换或者要求根据被拆迁房屋的区位、用途、建筑面积等因素，通过房地产市场评估来确定货币补偿金额。如拆迁人和某市人民政府无适当房屋进行产权调换，则应向陈某河支付生效判决作出时以同类房屋的房地产市场评估价格为标准的补偿款，以保证陈某河选择产权调换的权利。

综上，原一审、二审判决认定事实不清，适用法律错误，应予纠正。裁定本案指令河南省高级人民法院另行组成合议庭进行再审。

相关法条

《国有土地上房屋征收与补偿条例》

第二十一条　被征收人可以选择货币补偿，也可以选择房屋产权调换。

被征收人选择房屋产权调换的，市、县级人民政府应当提供用于产权调换的房屋，并与被征收人计算、结清被征收房屋价值与用于产权调换房屋价值的差价。

因旧城区改建征收个人住宅，被征收人选择在改建地段进行房屋产权调换的，作出房屋征收决定的市、县级人民政府应当提供改建地段或者就近地段的房屋。

28　选房公告不可诉

问题提出

征收条例规定了一些可以起诉的公告，如房屋征收决定公告、补偿决定公告等，都是可以提起行政复议、行政诉讼的，那么诸如选房公告之类的是否可以起诉？

法律解答

关于公告，征收条例进行了规定，如第十三条第一款规定，市、县级人民政府作出房屋征收决定后应当及时公告。公告应当载明征收补偿方案和行政复议、行政诉讼权利等事项；第二十六条规定，房屋征收部门与被征收人在征收补偿方案确定的签约期限内达不成补偿协议，或者被征收房屋所有权人不明确的，由房屋征收部门报请作出房屋征收决定的市、县级人民政府依照本条例的规定，按照征收补偿方案作出补偿决定，并在房屋征收范围内予以公告。补偿决定应当公平，包括本条例第二十五条第一款规定的有关补偿协议的事项。被征收人对补偿决定不服的，可以依法申请行政复议，也可以依法提起行政诉讼。这些条文明确规定公告是可以依法申请行政复议，也可以依法提起行政诉讼的。

但并非征收中所有的公告都可诉。一般来说，选房公告主要载明了安置房的分房与看房时间、分房地点、安置房位置、户型套数、分房规则及价格结算标准等内容，目的是将选择安置房的相关事宜告知被安置人员；该公告的性质属于一种单纯的告知行为，其本身并没有设定实体权利义务关系，对被告知人的合法权益不产生实际影响。因此，选房公告不具有行政可诉性。

按最高人民法院的观点，行政机关向行政相对人送达行政决定、通过公告方式向社会公示行政决定内容的行为，均属于对当事人权利义务不产生实际影响的程序性行为，属于不可诉的行政行为。

相关案例

庞某清与某区人民政府选房公告案[1]

最高人民法院经审查认为，公民、法人或者其他组织提起行政诉讼应当符合法定起诉条件。本案中，被诉选房公告主要载明了安置房的分房与看房时间、分房地点、安置房位置、户型套数、分房规则及价格结算标准等内容，目的是将选择安置房的相关事宜告知被安置人员；该公告的性质属于一种单纯的告知行为，其本身并没有设定实体权利义务关系，对被告知人的合法权益不产生实际影响。因此，被诉选房公告不属于行政诉讼受案范围。一、二审裁定并无不当。

---

[1] 《庞某清、某区人民政府再审审查与审判监督行政裁定书》，载中国裁判文书网，https：//wenshu.court.gov.cn/website/wenshu/181107ANFZ0BXSK4/index.html？docId=89f149074faa4d8b9bb3aad400db1403，2022年6月27日访问。

综上，裁定驳回再审申请人庞某清的再审申请。

梁某冰等与某区人民政府房屋行政征收行为案①

最高人民法院经审查认为，行政诉讼法第四十六条第一款规定，直接提起行政诉讼的，应当自知道或者应当知道作出行政行为之日起六个月内提出。本案中，某区人民政府于2015年10月将28号征收决定和29号公告送达给梁某冰等人，并通过报刊刊载29号公告，告知被征收人申请行政复议、提起诉讼的权利和期限。梁某冰等人于2017年1月16日提起行政诉讼，显然已经超过六个月的法定起诉期限，且无正当理由。梁某冰等人的起诉不符合受理条件，一、二审裁定驳回其起诉，并无不当。

需要补充说明的是，《最高人民法院关于适用〈中华人民共和国行政诉讼法〉的解释》第一条第二款第六项规定，行政机关为作出行政行为而实施的准备、论证、研究、层报、咨询等过程性行为，不属于行政诉讼的受案范围，这里的程序性行为包括纯粹的程序性告知性行为。行政机关向行政相对人送达行政决定、通过公告方式向社会公示行政决定内容的行为，均属于对当事人权利义务不产生实际影响的程序性行为，属于不可诉的行政行为。本案中，被诉的29号公告行为，即属于对28号征收决定的程序性公告行为，不属于行政诉讼的受案范围。

综上，裁定驳回梁某冰、王某民、练某群的再审申请。

相关法条

《最高人民法院关于适用〈中华人民共和国行政诉讼法〉的解释》

第一条 公民、法人或者其他组织对行政机关及其工作人员的行政行为不

---

① 《梁某冰、王某民再审审查与审判监督行政裁定书》，载中国裁判文书网，https://wenshu.court.gov.cn/website/wenshu/181107ANFZ0BXSK4/index.html?docId=aec42794962c46ed8763aae100c0d14e，2022年6月27日访问。

服，依法提起诉讼的，属于人民法院行政诉讼的受案范围。

下列行为不属于人民法院行政诉讼的受案范围：

……

（六）行政机关为作出行政行为而实施的准备、论证、研究、层报、咨询等过程性行为；

……

29 无证房产不等同于违法建筑

问题提出

违法建筑肯定是无合法产权证的房产，但无产权证的房产一定是违法建筑吗？

法律解答

对于一些建造时间较长的房屋，在对其合法性进行判断时，不能仅仅用现在的法律标准进行判定。许多古旧建筑一直到现在都没有完成产权证的办理，然而并没有部门会判定它们是违建而进行拆除。

当事人购买房屋并交纳购房款，购得房屋并居住多年，虽然未办理房屋产权登记，但不同于违章建筑等自始无法办理房屋产权登记的情形，其相应的合法权利应予以依法保护。在房屋征收过程中，对因历史原因形成的没有建设审批手续和产权证照的房屋，行政机关应当在征收之前依法予以甄别，作出处理，不能简单地将无证房屋一律认定为违法建筑，不予征收补偿；违法拆除因历史原因形成的无证房屋造成损失的，也不能简单地以无证房屋即为违法建筑为由，不予行政赔偿。在行政机关没有充分证据证明被拆除的无证房屋属于违法建筑的情况下，应当将该房屋视为合法建筑，依法予以行政赔偿。行政赔偿的项目、数额不得少于被征收人通过合法征收补偿程序获得的行政补偿项目、数额。

相关案例

梁某龙与某区人民政府强制拆除房屋赔偿案[①]

2006年4月16日,易某昌、梁某与赖某芳签订《宅基地转让契约书》,约定将涉案土地转让给赖某芳。2006年5月2日,赖某芳与梁某龙签订《宅基地转让契约书》,将涉案土地转让给梁某龙。两次转让行为均未办理土地使用权变更登记,易某昌、赖某芳均表示,不主张该地块及地上房屋的权益。

2013年11月10日,某市人民政府作出〔2013〕23号《关于征收高铁站前广场建设项目范围内房屋的决定》并附《某市高铁站前广场建设项目国有土地上房屋征收补偿安置方案》。2014年2月28日,某市政府印发的〔2014〕5号《某市人民政府关于印发某市中心城区房屋征收与补偿暂行办法的通知》第七条规定,对因历史原因造成手续不全的房屋,本着尊重历史、照顾现实的原则,只办理有国有(集体)土地使用证和属于本村组(社区)集体经济组织一户一宅的房屋征收,四层(含)以下建筑面积或四层以上的建筑总建筑面积200平方米(含)以内的部分,在房屋征收期限内签订协议书的,根据房屋建成的年限,按《某区房屋市场指导价格》规定的补偿标准给予一定比例补助;不签订协议书的,按违法建筑依法拆除。征收房屋过程中,梁某龙不同意房屋征收补偿安置方案,未与征收部门签订房屋征收补偿协议。2015年12月起,某市住房与城乡规划建设委员会对项目范围内未签订房屋征收补偿协议的房屋进行评估。2017年2月21日,某区人民政府将梁某龙房屋强制拆除。实施强制拆除前,某区人民政府对其屋内物品及房屋设施情况进行录像,

---

[①] 《梁某龙、某区人民政府城乡建设行政管理:房屋拆迁管理(拆迁)再审审查与审判监督行政裁定书》,载中国裁判文书网,https://wenshu.court.gov.cn/website/wenshu/181107ANFZ0BXSK4/index.html?docId=a98a-7ef83f30425ab9c1aab200c0e3ab,2022年6月27日访问。

并制作建筑物财物登记表。根据录像反映，在某区人民政府对梁某龙房屋进行强制拆除前，梁某龙对室内物品已进行过清理和撤离，房内仅剩下抽油烟机、床等少量日常生活用品。2017年3月3日，梁某龙提起本案行政诉讼，请求确认某市人民政府强制拆除其房屋的行为违法，恢复房屋原状，无法恢复房屋原状的，应当按照现行市场价格，赔偿房屋价值损失3282240元及屋内物品损失50万元，包括电视机、微波炉、名贵药材、烟酒、名表、金银首饰等财物。

贵港市中级人民法院（2017）桂08行初44号行政判决确认某区人民政府强制拆除房屋行为违法，某区人民政府赔偿梁某龙712864元。梁某龙不服，提起上诉。

广西壮族自治区高级人民法院（2017）桂行终1379号行政判决赔偿梁某龙损失共计817203元。

最高人民法院经审查认为，行政强制法第三十四条至第三十七条、第四十四条规定，行政机关依法作出行政决定后，当事人在行政机关决定的期限内不履行义务的，具有行政强制执行权的行政机关依法实施强制执行。作出强制执行决定前，行政机关应当事先催告当事人履行义务。当事人收到催告书后有权进行陈述和申辩。行政机关应当充分听取当事人的意见，事实、理由或者证据成立的，行政机关应当采纳。经催告当事人逾期仍不履行行政决定，且无正当理由的，行政机关作出强制执行决定，予以强制执行。对违法的建筑物、构筑物、设施等需要强制拆除的，应当由行政机关予以公告，限期当事人自行拆除。当事人在法定期限内不申请行政复议或者提起行政诉讼，又不拆除的，行政机关可以依法强制拆除。征收条例第二十四条亦规定，市、县级人民政府及其有关部门应当依法加强对建设活动的监督管理，对违反城乡规划进行建设的，依法予以处理。市、县级人民政府作出房屋征收决定前，应当组织有关部门依法对征收范围内未经登记的建筑进行调查、认定和处理。本案中，某区人民政府没有提供有效证据证明，实施强制拆除前，对梁某龙未进行产权登记的房屋进行调查，作出违法建筑认定并限期拆除的决定，未经书面催告履行程序，亦未听取梁某龙的陈述、申辩，未作出行政强制执行决定，强制拆除行为严重违反法律规定。一审、二审判决确认某区人民政府强制拆除梁某龙房屋行为违法，并无不当。

在房屋征收过程中，对因历史原因形成的没有建设审批手续和产权证的房屋，行政机关应当在征收之前依法予以甄别，作出处理，不能简单将无证房屋一律认定为违法建筑，不予征收补偿；违法拆除因历史形成的无证房屋造成损失的，也不能简单以无证房屋即为违法建筑为由，不予行政赔偿。在行政机关没有充分证据证明被拆除的无证房屋属于违法建筑的情况下，应当将该房屋视为合法建筑，依法予以行政赔偿。行政赔偿的项目、数额不得少于被征收人通过合法征收补偿程序获得的行政补偿项目、数额。本案中，1996年易某昌获得涉案土地准许其建房，几经转手后，梁某龙通过合法交易，获得涉案土地权益。某区人民政府至今没有提供充分证据证明，梁某龙通过合法交易获得的土地上的房屋属于违法建筑。鉴于此，二审判决将梁某龙的土地、房屋视为合法建筑，按照市场评估价格和征收补偿方案确定的补偿项目和标准，依法判决某区人民政府赔偿梁某龙房屋、装修费、搬迁费、临时安置费等共计817203元，符合本案事实及法律规定，本院予以支持。根据行政诉讼法第三十八条第二款规定，因被告的原因导致原告无法举证的，确实应当由被告承担举证责任。但是，在被告也不能提供证据对损失数额予以证明的情况下，并非必须按照原告提出的赔偿项目和数额，判决被告承担行政赔偿责任。确定行政赔偿数额，必须有基本的事实依据。在双方对损失情况均不能举证证明的情况下，法官应当根据《最高人民法院关于行政诉讼证据若干问题的规定》第五十四条的规定，遵循法官职业道德，运用逻辑推理和生活经验，酌定损失数额。本案中，根据查明的事实，强制拆除前梁某龙对室内物品已进行过清理和搬离，房内仅剩下抽油烟机、床等少量日常生活用品，结合梁某龙提出的赔偿请求，法官酌定10000元损失，具有事实依据。

应当指出的是，征收条例第二十四条第二款规定，市、县级人民政府作出房屋征收决定前，应当组织有关部门依法对征收范围内未经登记的建筑进行调查、认定和处理。对认定为合法建筑和未超过批准期限的临时建筑的，应当给予补偿；对认定为违法建筑和超过批准期限的临时建筑的，不予补偿。所谓"依法对征收范围内未经登记的建筑进行调查、认定和处理"，是指按照土地管理法及其实施条例以及城乡规划法等法律、法规规定，依法判断、准确认定征收范围内未经登记的建筑是否属于违法建筑。本案中，某市人民政府发布的5号通知第七条规定，对因历史原因造成手续不全的房屋，"在房屋征收期限内签订协议书的，根据房屋建成的年限，按《某区房屋市场指导价格》规定的补偿标准给予一定比例补助；不签订协议书的，按违法建筑依法拆除"。上述内容与依法认定违法建筑的理念和标准相悖，违反法律、法规规定，本院予以指正。鉴于本案生效判决并未按照上述规定处理，判决结果符合法律规定，本案不予再审。

综上，裁定驳回梁某龙的再审申请。

相关法条

《国有土地上房屋征收与补偿条例》

第二十四条 市、县级人民政府及其有关部门应当依法加强对建设活动的监督管理，对违反城乡规划进行建设的，依法予以处理。

市、县级人民政府作出房屋征收决定前，应当组织有关部门依法对征收范围内未经登记的建筑进行调查、认定和处理。对认定为合法建筑和未超过批准期限的临时建筑的，应当给予补偿；对认定为违法建筑和超过批准期限的临时建筑的，不予补偿。

30 院落怎样进行征收补偿

问题提出

我国城市规划区内目前还有许多位于国有土地上的平房，这些平房除房屋本身外，一般都带有大小不一的院落。对院落、空地部分怎样进行补偿？

法律解答

国有土地上房屋征收补偿中，应将当事人合法享有国有土地使用权的院落、空地面积纳入评估范围，按照征收时的房地产市场价格，一并予以征收补偿。

相关案例

韩某与某区人民政府房屋征收补偿决定案[1]

最高人民法院经审查认为，首先，被征收房屋价值评估及被诉征收补偿决定已经按照征收条例，考虑被征收房屋的区位、用途、建筑结构、新旧程度、建筑面积以及占地面积、土地使用权等影响被征收房屋价值的因素。关于空闲院落，土地使用权系评估被征收房屋价值时应考虑的因素，并非房屋征收补偿范围。关于无证未登记房屋，韩某未向某区人民政府提供证据证明其无证未登记房屋属于依法应予补偿的合法建筑或未超过批准期限的临时建筑。根据《某区西于庄地区棚户区改造（旧城区改建）项目平房住宅征收补偿方案》的

---

[1] 《韩某、某区人民政府再审审查与审判监督行政裁定书》，载中国裁判文书网，https://wenshu.court.gov.cn/website/wenshu/181107ANFZ0BXSK4/index.html?docId=90eee4e5ec7c40cb9e68ab4900c21785，2022年6月27日访问。

规定，韩某可向某区人民政府成立的工作组申请认定未登记房屋。

其次，鉴于某区可利用土地少的实际情况，涉案项目的定向安置经济适用房属于就近地段。该定向安置经济适用房居住环境规划布局合理，交通便利，规划有各类公共服务设施，建筑功能齐全，配套设施齐备。某区人民政府所补偿的定向安置经济适用房并不损害韩某的合法利益。

最后，某区人民政府提供的证据能够证明房屋征收评估分户报告单已向韩某送达，该报告单已告知对评估结果有异议的救济途径。韩某在收到评估分户报告单后未向房地产价格评估机构申请复核评估，属于自动放弃相关的救济权利。

综上，裁定驳回再审申请人韩某的再审申请。

某区人民政府与田某生土地房屋征收补偿案[①]

某区人民政府于2013年3月7日下发〔2013〕9号文件即《某区人民政府办公室关于成立G208前旗至集宁连接线改扩建工程及G110改扩建工程征拆工作协调领导小组的通知》，并于8日作出关于110国道改扩建工程征地拆迁事宜的公告，于当天在征拆范围内进行了张贴。双方于2013年6月签订了《国道110、国道208改建工程（集宁段）征地拆迁货币补偿协议》，对田某生的整个院落内的房屋以及附属设施、奖金以及搬迁补助补偿款共计补偿3581802元，田某生领取了全部款项，但就田某生被征收的院落某区人民政府、某区房屋征收办未出示证据证明已评估并给予补偿的事实。

内蒙古自治区乌兰察布市中级人民法院一审限某区人民政府、某区房屋征收办在本判决生效之日起60日内对征收田某生的院落作出补偿。

某区人民政府、某区房屋征收办不服一审判决，向内蒙古自治区高级人民

[①] 《某区人民政府、某区房屋征收管理办公室再审审查与审判监督行政裁定书》，载中国裁判文书网，https：//wenshu.court.gov.cn/website/wenshu/181107ANFZ0BXSK4/index.html? docId = e5e9627ea1de419c8bffab250114411b，2022年6月27日访问。

法院提起上诉。内蒙古自治区高级人民法院以与一审法院基本相同的理由，以（2016）内行终245号判决，驳回上诉，维持一审判决。

最高人民法院认为，国有土地上房屋征收补偿中，房屋被征收人合法享有国有土地使用权的院落，与被征收房屋所占国有土地一并予以征收补偿。本案的核心争议在于房屋被征收人田某生合法拥有的院落是否应当纳入评估范围予以补偿，以及是否已经依法给予补偿。田某生合法享有国有土地使用权的院落，无论其为国有划拨土地抑或国有出让土地，都应当一并予以征收补偿。因此，某区人民政府、某区房屋征收办以田某生的院落属于国有划拨土地为由而不应给予补偿的主张，不能成立。某区人民政府、某区房屋征收办主张田某生的院落已经依法评估并给予补偿，但提供的证据不足以证实。因此，原审判令某区人民政府、某区房屋征收办对依法应当而实际并未给予补偿的院落在限期内给予补偿，并无不当。但对于某区人民政府、某区房屋征收办能提供有效证据证明对被征收房屋给予补偿时已经一并依法给予补偿的部分院落，可在确定依法还需给予补偿的院落时予以扣除。

综上，裁定驳回再审申请人某区人民政府的再审申请。

相关法条

《国有土地上房屋征收与补偿条例》

第十七条第一款 作出房屋征收决定的市、县级人民政府对被征收人给予的补偿包括：

（一）被征收房屋价值的补偿；

（二）因征收房屋造成的搬迁、临时安置的补偿；

（三）因征收房屋造成的停产停业损失的补偿。

31 树木如何补偿

问题提出

征收中，遇到树木、林木，应如何补偿？

法律解答

从法律上讲，不动产是指不能移动或者移动后会引起性质、形状改变的财产，包括建筑物、构筑物和其他土地附着物。征收条例中只明确了房屋的征收，对树木等没有明确规定。

一般理论认为，不动产包括建筑物、构筑物和地上附着物，但实践中难以准确划分。建筑物的含义通常容易理解，包括住宅、厂房等不动产；而构筑物是指房屋及房屋附属设施除外的包括水塔、水井、桥梁、道路、管线、水渠等固定设施及铺设物等；地上附着物包括地上的青苗、林木、花草、铺设的电缆等。这些一般要依据评估结果进行补偿。实践中各地政府为了方便征收活动，往往会公布一定的补偿标准作为指导价，如果双方协商不成再行评估。

相关案例

罗某岭与某市人民政府履行行政补偿法定职责案[①]

罗某岭系某市某村村民，其在某村承包有4.62亩土地用于梨树种植。某市某村的集体土地被列入征收范围，罗某岭持有承包经营权证书的4.62亩承包地亦在被征收范围内。经过补偿安置，罗某岭就4.62亩承包地已领取每亩

[①] 《罗某岭、某市人民政府资源行政管理：土地行政管理（土地）二审行政判决书》，载中国裁判文书网，https：//wenshu.court.gov.cn/website/wenshu/181107ANFZ0BXSK4/index.html？docId＝bc0d701989814e60b331aaae012b8d34，2022年6月27日访问。

18万元的补偿款,另获得10万元的果实补偿款,但其认为自己种植的果园属于经济林,应当按经济林的补偿标准进行补偿,且其自行开荒的1.88亩耕地,也有权获得补偿。

罗某岭在承包地上种植果树,并未申领林权证,且涉案被征地范围内不显示有林地。某市人民政府称某村被征收土地的所有补偿款均已拨付至该村村委会,由村委会根据统计情况分别发放,罗某岭主张的1.88亩耕地补偿款业已一并发放至某村村委会,但罗某岭称村委会未向其给付1.88亩耕地补偿款。

新乡市中级人民法院一审作出新乡市中级人民法院(2018)豫07行初94号行政判决,驳回罗某岭的诉讼请求。

二审法院认为,关于1.88亩土地上的附着物应否补偿的问题。罗某岭在自己承包地的周围开荒1.88亩土地,种植果树及其他树木,没有证据证明该行为违反法律法规,没有证据证明侵犯任何人或者组织的合法权益,并且也没有任何人或者组织提出异议,无论罗某岭对涉案土地是否具有承包经营权,都不能否认罗某岭对地上附着物具有合法的所有权。涉案土地被征收,某市自然资源和规划局作为补偿安置主体,应当将1.88亩土地上的附着物补偿费支付给罗某岭。从某市自然资源和规划局提供的证据来看,不能证明某市自然资源和规划局已经将1.88亩土地上的附着物补偿费支付给某村委会,无论罗某岭是否向某市自然资源和规划局提出补偿申请,某市自然资源和规划局仍负有对罗某岭进行补偿的法定义务,罗某岭提起本案诉讼请求对1.88亩土地上的附着物进行补偿,依法应予支持。

关于补偿标准的问题。根据某市人民政府、某市自然资源和规划局提供的证据,可以认定本案所涉征地补偿安置系按照某市人民政府〔2014〕142号《关于调整国家建设征收集体土地青苗费和地上附着物补偿标准的通知》,以及某省林业厅〔2013〕48号文件《关于调整国家建设征收占用土地上经济林补偿标准有关问题的通知》的规定进行,罗某岭主张某市自然资源和规划局实际是按照某市2009年制定的标准进行补偿,没有事实依据。并且,〔2013〕

48号文件规定，果树也属经济林，对果树的补偿应当根据是否属于盛果期、近三年的平均产量和果品市场价格等因素综合确定，罗某岭请求对6.5亩土地上的附着物补偿7686720元，缺乏事实依据，不予支持。

综上，判决某市人民政府参照适用罗某岭4.62亩承包地上的附着物补偿标准，履行对1.88亩土地上的附着物进行补偿的法定职责。

相关法条

《国有土地上房屋征收与补偿条例》

第十七条第一款 作出房屋征收决定的市、县级人民政府对被征收人给予的补偿包括：

（一）被征收房屋价值的补偿；

（二）因征收房屋造成的搬迁、临时安置的补偿；

（三）因征收房屋造成的停产停业损失的补偿。

32 签订补偿协议必须自愿

问题提出

为什么强调补偿协议的自愿性？

法律解答

民法典第五条规定，民事主体从事民事活动，应当遵循自愿原则，按照自己的意思设立、变更、终止民事法律关系。这就是我国民法的自愿原则（也称意思自治原则），这是中国民法的基本原则之一，是指公民、法人等任何民事主体在市场交易和民事活动中都必须遵守自愿协商的原则，都有权按照自己的真实意愿独立自主地选择、决定交易对象和交易条件，建立和变更民事法律关系，并同时尊重对方的意愿和社会公共利益，不能将自己的意志强加给对方或任何第三方。只要进行交易或其他民事活动双方的交易等行为不违反法律规定，其他任何机关、团体、个人等第三方都不能干涉。以欺诈、强迫、威胁等违背交易主体意志的不正当竞争行为，都为法律所禁止。自愿原则是民法平等原则的表现和延伸。没有平等就没有自由，同样，没有自由也就没有平等。

自愿原则或意思自治原则包含以下两个相辅相成的方面：一是自主选择，自主参与。民事主体作为一个有理性、有自由的人，他能够而且应当自主选择、自主参与民事活动。自主选择、自主参与意味着民事主体依自己的意愿和判断选择、参与民事活动，实施民事法律行为。在法律许可的意志自由范围内，有权决定是否进行某项民事活动，有权选择合作伙伴和对方当事人，有权决定自己所进行的民事活动的内容。二是自己责任，过错责任。自己责任、过错责任是自主选择，自主参与的必然逻辑结果。民事主体对因基于自己意愿而选择、参与的民事活动的结果。

征收补偿协议是约定征收当事人之间权利与义务关系的合同。依法订立的补偿协议，对当事人具有法律约束力。当事人应当按照约定履行自己的义务，不得擅自变更或者解除协议。依法订立的协议，受法律保护。补偿协议的主要内容一般包括补偿方式、补偿金额和支付期限、用于产权调换房屋的地点和面积、搬迁费、临时安置费或者周转用房、停产停业损失、搬迁期限、过渡方式和过渡期限等事项。此外，协议一般还包括违约责任、解决争议的办法等内容。补偿协议的内容，双方当事人协商一致后可以修改。对于实行货币补偿的，补偿协议主要应载明补偿金额和支付期限、搬迁费、停产停业损失、搬迁期限等；对于实行产权调换的，补偿协议主要应载明用于产权调换房屋的地点和面积、被征收房屋与产权调换房屋的差价结算、临时安置费或者周转用房、搬迁费、停产停业损失、搬迁期限、搬迁过渡方式和过渡期限等。

尽管行政协议在性质上仍然属于一种行政行为，在主体、标的以及目标等方面与民事合同多有不同,但它的确是一种"最少公法色彩、最多私法色彩"的新型行政行为。与民事合同类似,行政协议同样是一种合同,同样基于双方或者多方当事人的意思合致,同样具有合同当事人地位平等以及非强制性等特点。正是基于这种类似性,在行政协议诉讼中"可以适用不违反行政法和行政诉讼法强制性规定的民事法律规范"。行政协议的本质是合同的一种,之所以要单独将其开列出来并称作"行政协议",是因为其签订双方主体和所追求目的的特殊性。行政协议是双方协商一致的体现,在行政机关未能提供证据或依据证明行政协议依法无效或撤销,或者存在其他不能履行的正当事由时,应认定协议合法有效,行政机关应当按照协议约定履行义务。在行政协议订立和履行过程中,行政机关对约定内容事先没有作出明确界定,协议签订后又不能作出合法有据的解释,此种情形下应作出对行政相对人一方有利的解释,以防止行政机关借签订协议的方式侵害相对人的合法权益。

相关案例

陈某芳与某区人民政府征收案[1]

陈某芳诉某区人民政府征收行为案,福建省宁德市中级人民法院于2017年4月24日作出(2017)闽09行初94号行政裁定,对陈某芳的起诉不予立案。陈某芳不服提起上诉后,福建省高级人民法院于2017年9月3日作出(2017)闽行终373号行政裁定,驳回上诉,维持一审裁定。

最高人民法院认为,某区人民政府在未征得陈某芳同意的情况下,将相关补偿安置款直接存入陈某芳银行账户中的行为不具有可诉性,且该行为不意味着陈某芳与某区人民政府就征地补偿事宜与某区人民政府达成一致意见,也并不阻碍陈某芳因对补偿安置行为不服,通过复议或者诉讼等途径寻求救济。陈

---

[1] 《陈某芳再审审查与审判监督行政裁定书》,载中国裁判文书网,https://wenshu.court.gov.cn/website/wenshu/181107ANFZ0BXSK4/index.html?docId=260ad443c1674164b2d2a95901107de5,2022年6月27日访问。

某芳提起本案诉讼并不具有法院对诉讼请求进行审判的必要性和实效性，其如果对相关补偿安置行为不服，可依法寻求救济。一审、二审法院分别裁定对陈某芳的起诉不予立案、驳回上诉，符合法律规定。

综上，裁定驳回再审申请人陈某芳的再审申请。

某区人民政府与黄某柱房屋征收补偿协议案①

最高人民法院经审查认为，本案诉争的实质是某区人民政府房屋征收部门与被申请人黄某柱所签订的房屋征收安置补偿协议的履行问题。根据一审、二审查明的事实，某区人民政府房屋征收部门与黄某柱签订了房屋征收安置补偿协议，并于2016年1月28日签订了选房协议，选定了安置房。2014年9月23日，双方经协商签订补充协议书，约定临时安置费按每月400元发放，每季度发放一次，过渡期按18个月计算。黄某柱已经领取临时安置费到2016年8月。房屋征收安置补偿协议签订后，双方当事人均负有按照约定履行协议的义务，同时不得为对方当事人行使权利设定不当限制。某区人民政府成立的橡胶厂棚户区改造指挥部2016年8月11日发布的交房公告已被法院生效判决认定无效。因此，一审、二审中某区人民政府主张黄某柱未按照公告内容缴纳相关费用，导致案涉安置房无法交付的理由不能成立，其以此拒绝向黄某柱交付安置房钥匙的行为属于拒绝履行安置补偿协议的情形，应当承担相应的违约责任。一审、二审法院判决某区人民政府应当根据《某市国有土地上房屋征收与补偿实施细则（试行）》第二十三条的规定，双倍发放临时安置费并无不妥。再审申请人的再审理由不能成立。

综上，裁定驳回再审申请人某区人民政府的再审申请。

---

① 《某区人民政府、黄某柱再审审查与审判监督行政裁定书》，载中国裁判文书网，https：//wenshu.court.gov.cn/website/wenshu/181107ANFZ0BXSK4/index.html？docId＝ecf20d7dfa804b178ab9ab1b00c1c78a，2022年6月27日访问。

相关法条

《国有土地上房屋征收与补偿条例》

第二十五条　房屋征收部门与被征收人依照本条例的规定，就补偿方式、补偿金额和支付期限、用于产权调换房屋的地点和面积、搬迁费、临时安置费或者周转用房、停产停业损失、搬迁期限、过渡方式和过渡期限等事项，订立补偿协议。

补偿协议订立后，一方当事人不履行补偿协议约定的义务的，另一方当事人可以依法提起诉讼。

33 口头补偿协议是否有效

问题提出

补偿协议可否用口头形式，是否有效？

法律解答

口头协议也是合同形式中一种重要的表现形式。人们除法律、行政法规规定采用书面形式的合同外，均可采用口头形式订立合同或协议。

口头协议也是一种合同。除法律所规定的必须采用书面形式外，以口头形式订立的合同，只要符合法律的规定，都是有效合同。合同采取口头形式的优点是简便快捷，缺点在于发生纠纷时取证困难。所以，对于可以即时清结、关系比较简单的合同，适于采用这种形式。对于不能即时清结的合同以及较为复杂重要的合同则不宜采用这种合同形式。

尽管没有明确规定，但因为补偿安置协议的一方是政府征收部门，一般会提供书面征收补偿协议，因此从文书的严肃性以及对群众利益保护和政府公信力等角度看，不宜采用口头方式。

相关案例

姜某娜与某区管委会行政协议案[①]

姜某娜向安徽省蚌埠市中级人民法院起诉称：2013年，某区管委会委托某土地公司征用耕地，姜某娜的奇石盆景园在征迁范围内。某土地公司董事长与姜某娜丈夫梁某华达成口头约定：某土地公司一次性买断盆景及树木，给予奇石搬迁费，买断及搬迁费用金额由评估公司评估确定。由于两份评估报告估价数额差距大，双方多次协商未果。故请求：确认口头协议有效，并继续履行协议，某区管委会支付姜某娜奇石搬运费83100元、盆景买断费1421100元，共计1504200元。

安徽省蚌埠市中级人民法院经审理认为，根据行政诉讼法的规定，本案中，姜某娜对其所主张的口头协议确实存在负有举证义务。姜某娜所提交的证据中除证据7中有原某土地公司董事长明确表示买断及搬迁费的具体金额由评估决定外，其他证据均未提及对其盆景、树木买断费用和奇石的搬迁费用金额由评估公司评估确定。并且根据《最高人民法院关于民事诉讼证据的若干规定》第六十七条的规定，在诉讼中，当事人为达成调解协议或者和解的目的作出妥协所涉及的对案件事实的认可，不得在其后的诉讼中作为对其不利的证据。姜某娜提供的证据7为民事调解笔录，故该份证据中的表述无法作为支持其主张的口头协议存在的证据。综上，姜某娜提供的证据不足以证明其所主张的口头协议确实存在，因此姜某娜起诉要求确认该口头协议有效并判令某区管委会依法履行该协议缺乏事实依据，应予驳回。裁定驳回姜某娜的起诉。

姜某娜不服，提起上诉。

[①] 《姜某娜、某区管理委员会再审审查与审判监督行政裁定书》，载中国裁判文书网，https：//wenshu.court.gov.cn/website/wenshu/181107ANFZ0BXSK4/index.html？docId＝8f47e0ea3bfe492c84b5a9fb010dc1c1，2022年6月27日访问。

补 偿

安徽省高级人民法院经审理认为，行政诉讼法上的行政协议应当是要式行政行为，即协议当事人的意思表示必须具备法定方式才产生法律效果，而这种法定方式原则上应当是书面形式。本案中，姜某娜要求确认有效并继续履行的行政协议系口头协议，缺乏法定载体，不符合行政协议的形式要件。因此，姜某娜起诉要求确认口头协议有效并判令某区管委会履行该协议缺乏事实根据和法律依据。另外，姜某娜与某区管委会的纠纷实质系因土地行政征收引发的补偿安置争议，对此，姜某娜可依法定途径寻求救济。综上，一审裁定驳回姜某娜的起诉并无不当。据此裁定驳回上诉，维持原裁定。

最高人民法院认为，本案的争议焦点在于行政协议能否以口头协议的方式订立以及再审申请人所称的口头协议是否存在。正如再审申请人所说，根据相关司法解释的规定，人民法院审查行政机关是否依法履行、按照约定履行协议或者单方变更、解除协议是否合法，在适用行政法律规范的同时，可以适用不违反行政法和行政诉讼法强制性规定的民事法律规范。但这种适用属于补充适用，如果行政法律、法规规定某项行政协议必须以书面形式订立，应当优先适用特别规定。在没有相反规定的情况下，可以适用合同法对于合同形式的相关规定。固然，合同法第十条第一款规定，当事人订立合同，有书面形式、口头形式和其他形式，但在实践中，口头形式的合同一般也只适用于标的数额不大、内容不复杂而且能即时清结的合同关系。这是因为，尽管口头形式的合同具有简便易行、直接迅速的特点，但因缺乏文字证据，一旦发生纠纷，将会难以举证，不易分清责任。在本案，再审申请人所称的口头协议标的数额高达150万元，似乎不宜以口头形式订立。事实上，也的确对于是否存在这样一个协议产生了争执。当对是否存在一个口头协议产生争执时，主张方应当对口头协议确实存在承担举证责任。据一审法院查明，再审申请人提供的证据不足以证明其所主张的口头协议确实存在，因此再审申请人起诉要求确认该口头协议有效并判令再审被申请人履行该口头协议缺乏事实根据。一审法院裁定驳回起诉、二审法院驳回上诉维持原裁定，均无不当。

139

综上，裁定驳回再审申请人姜某娜的再审申请。

相关法条

《中华人民共和国民法典》

第四百六十九条　当事人订立合同，可以采用书面形式、口头形式或者其他形式。

书面形式是合同书、信件、电报、电传、传真等可以有形地表现所载内容的形式。

以电子数据交换、电子邮件等方式能够有形地表现所载内容，并可以随时调取查用的数据电文，视为书面形式。

34　房屋已入住但未办理登记的安置违约

问题提出

由于各种原因，许多征收人在交付用于产权调换的房产后，并没有办理房屋登记或过户手续，是不是违反了补偿协议的约定？

法律解答

我国实施统一的不动产登记制度。城市房地产管理法第三十八条第六项规定未依法登记领取权属证书的不得转让，民法典第二百四十条、第二百四十一条规定，房屋合法建造即取得物权，但如需转让则需先办理产权登记，可见初始登记的重要性。用于产权调换的房屋在交付时应当符合国家质量安全标准、符合当地住宅交付使用许可要求、产权清晰、无权利负担。如果房屋没有通过质量验收，则不能安排居民居住。征收部门应承担的义务等同于房屋出售人的义务。在房屋买卖合同中，因房屋主体结构质量经检验属不合格，或者因房屋质量问题严重影响正常居住使用,买受人请求解除合同和赔偿损失的,人民法院应予以支持。

相关案例

某区人民政府与林某萍履行职责案①

因改造某区海甸溪北岸旧城区项目,某区人民政府依法拆迁了林某萍位于某区海甸岛六庙××号的房屋及附属物。2009年5月19日,某区人民政府与林某萍签订了档案编号××的《某市区改造拆迁补偿安置协议(居民区实物补偿)》。主要约定:某区人民政府以实物补偿的方式将××小区××栋××号房屋作为住宅安置房补偿给林某萍。上述协议签订后,林某萍已履行了约定义务。2011年11月14日,某区人民政府将涉案安置房交付给林某萍。2012年10月24日,涉案安置房及土地的权属总证及分证均办理登记至市住建局名下。涉案安置房交付后,某区人民政府一直没有为林某萍办理不动产分户登记,林某萍向某区人民政府要求办理涉案不动产登记证未果而提出信访和本案诉讼。

2018年3月12日,某区房屋征收局针对冯某燕、田某秀和帅某霞于2018年3月9日提出"关于某小区房产证至今未办理下来,要求某区征收局解决"的信访事项,经调查核实作出〔2018〕4号《信访答复意见书》。主要处理答复内容为:截至目前,涉及某区征收局征收项目的部分安置房房产总证及分证已办理在市住建局名下。某区安置房至今未将不动产证办理下来的原因是由于安置房的土地性质为划拨地,不动产分户办理至被征收户名下涉及土地出让金及相关税费的缴纳。某区房屋征收局已就此问题多次去文市住建局及海口市人民政府请求协调落实办理某区旧改安置房不动产证事宜。某区征收局已根据2016年7月《某区安置房、某村安置房办理房产证工作方案》对安置小区回

---

① 《某区人民政府与林某萍、某市住房和城乡建设局其他行政行为二审行政判决书》,载中国裁判文书网,https://wenshu.court.gov.cn/website/wenshu/181107ANFZ0BXSK4/index.html?docId=2bc1dcf870c441ca8301a9c2015f2e7f,2022年6月27日访问。

迁业主的征收资料整理完毕，某市人民政府对安置房办证事宜业已召开协调会。同时，根据《某区安置房、某村安置房办理房产证工作方案》规定，市住建局牵头相关职能部门配合解决土地出让金、税费及办理不动产分户问题。由于方案涉及多个部门，目前土地出让金环节及税费缴纳尚未得到解决。待上述两个问题得以解决后，某区征收局会继续配合有关部门办理不动产分户手续。

另查明，《某市某区旧城改造知识问答宣传手册》第三十五条的问答内容为：安置房的房产证是否由政府办理？多长时间？回答内容为：安置房的房产证在双方签订安置房购买协议后，由政府统一协调，与被拆迁户携带协议书及相关证明文件到房产部门并在规定的工作日内办理；通常不超过6个月。

《某市某区旧城改造知识问答宣传手册》第五条的问答内容为：某区旧城区改造项目的拆迁人是谁？回答内容为：改造项目拆迁人是某区人民政府和某市城建公司。某区旧城区改造是政府组织实施的，完全属于政府行为。

一审法院判决：责令某区人民政府自判决发生法律效力之日起六个月内履行为林某萍办理涉案安置房房产证的法定职责，市住建局予以协助办理。

二审法院经审理认为，行政机关的法定职责，不仅是指法律法规对行政机关明文规定的职责，还包括行政行为为行政机关间接产生的义务性职责。本案中，某区人民政府在《某市某区旧城改造知识问答宣传手册》第三十五条中明确规定，安置房的房产证在双方签订安置房购买协议后，由政府统一协调，与被拆迁户携带协议书及相关证明文件到房产部门并在规定的工作日内办理；通常不超过6个月。该条是某区人民政府在旧城改造过程中对被拆迁人所作的承诺，属于行政机关的允诺行为，基于信赖利益保护原则，行政机关应履行其允诺行为所产生的义务，即某区人民政府具有协调相关行政机关就涉案安置房在六个月内为被拆迁人林某萍办理不动产权证的法定职责。涉案安置房自2011年11月交付至今，并未被登记至林某萍名下，显然某区人民政府没有兑现其承诺，属于没有履行法定职责。而且，涉案安置协议约定某区人民政府向林某萍提供安置房屋，某区人民政府亦于2011年11月交付了涉案安置房，表面上看履行了约定义务，但根据物权法第九条第一款"不动产物权的设立、变更、转让和消灭，经依法登记，发生效力；未经登记，不发生效力"的规定，林某萍在涉案安置房未登记至其名下之前，对该房屋所享有的物权还欠缺必备的法律形式要件，某区人民政府存在未完全履行协议的问题，从履行涉案安置协议的角度看，某区人民政府亦应继续履行约定义务直至完成不动产登记程序。因此，某区人民政府具有并应履行协调相关行政机关为林某萍办理涉案安置房不动产权证的职责，其关于办理不动产证不属于拆迁补偿安置协议约定义务的上诉理由不能成立。判决驳回上诉，维持原判。

相关法条

《最高人民法院关于审理行政协议案件若干问题的规定》

第十九条　被告未依法履行、未按照约定履行行政协议，人民法院可以依据行政诉讼法第七十八条的规定，结合原告诉讼请求，判决被告继续履行，并明确继续履行的具体内容；被告无法履行或者继续履行无实际意义的，人民法院可以判决被告采取相应的补救措施；给原告造成损失的，判决被告予以赔偿。

原告要求按照约定的违约金条款或者定金条款予以赔偿的，人民法院应予支持。

35　行政机关可否单方解除补偿协议

问题提出

补偿协议签订后，行政机关若单方变更、解除协议，需要具备哪些条件？

法律解答

国有土地上房屋的征收机关与被征收人可以在自愿协商的基础上就房屋征收补偿问题签订补偿协议,此类协议属于行政诉讼法规定的行政协议,协议生效后,签约双方享有协议约定的权利,承担协议义务,任何一方违约,都应承担违约责任,行政机关作为国家公权力机构,更应重视契约精神,带头履约践诺。

一般认为,行政机关对协议内容的单方变更、解除权只能在国家法律政策和协议基础事实发生变化,履行协议会给国家利益或者社会公共利益带来重大损失这一特定情形下才能行使。也就是说,行政机关单方变更、解除协议必须基于行政优益权,从而最大限度维护行政协议的稳定及行政机关的公信力。

在不履行行政协议职责案件中,行政协议是当事人要求行政机关履行法定职责的依据,行政协议是否合法有效,是判断行政机关是否应当履行行政协议的先决问题。对行政协议效力的判断,要结合行政诉讼法及合同法的相关规定对重大公共利益、契约的安定性、形式上的依法行政、当事人的信赖利益等价值进行利益衡量,在各种价值之间取得相对平衡。

相关案例

董某芹与某县人民政府征收补偿协议纠纷案[①]

最高人民法院认为,本案应审查的焦点问题是某县人民政府迟延支付董某芹房屋征收补偿款所产生的违约金应如何确定。

征收条例第二十五条第一款规定,房屋征收部门与被征收人依照本条例的

[①] 《董某芹、某县人民政府再审审查与审判监督行政裁定书》,载中国裁判文书网,https://wenshu.court.gov.cn/website/wenshu/181107ANFZ0BXSK4/index.html?docId=125e39da9b0a451bb64caa07010b5913,2022年6月27日访问。

规定，就补偿方式、补偿金额和支付期限、用于产权调换房屋的地点和面积、搬迁费、临时安置费或者周转用房、停产停业损失、搬迁期限、过渡方式和过渡期限等事项，订立补偿协议。据此，国有土地上房屋的征收机关与被征收人可以在自愿协商的基础上就房屋征收补偿问题签订补偿协议，此类协议属于行政诉讼法规定的行政协议，协议生效后，签约双方享有协议约定的权利，承担协议义务，任何一方违约，都应承担违约责任，行政机关作为国家公权力机构，更应重视契约精神，带头履约践诺。本案中，某县人民政府与董某芹签订三份协议，约定了向董某芹支付房屋征收补偿款的总额和支付时间，同时约定任何一方违约，需承担违约部分标的额10%的违约金，在履行协议时，某县人民政府迟延履行该支付义务，属于违约行为，按照协议约定应当支付违约金。关于行政协议违约金数额的确定问题，在有关行政法和行政诉讼法尚无明文规定的情况下，可以适用民事法律规范。根据合同法第一百一十四条第二款关于"约定的违约金低于造成的损失的，当事人可以请求人民法院或者仲裁机构予以增加；约定的违约金过分高于造成的损失的，当事人可以请求人民法院或者仲裁机构予以适当减少"的规定，人民法院有权根据当事人的请求对协议约定的过分高于损失的违约金予以适当减少。本案某县人民政府迟延一个月左右向董某芹支付4271330元房屋征收补偿款，对董某芹造成的损失为该款项的利息损失，如果按照房屋征收补偿款数额的10%支付违约金，明显超过损失的30%，二审法院判决对违约金比例予以下调并无不当，其按照房屋征收补偿款的3%判处违约金，与某县人民政府付款迟延的日期及其他违约情节相符，既能体现对守约方的保护，亦能起到对违约方的惩罚作用。

综上，裁定驳回董某芹的再审申请。

宋某红、吕某清与某街道办事处房屋征收补偿安置协议纠纷案[①]

山东省高级人民法院认为，本案争议的焦点问题是被申请人能否行使优益权，单方变更涉案补偿安置协议的相关内容。

行政诉讼法第十二条第一款第十一项规定将行政机关违法变更、解除行政协议纳入行政诉讼受案范围。一般认为，行政机关对协议内容的单方变更、解除权只能在国家法律政策和协议基础事实发生变化，履行协议会给国家利益或者社会公共利益带来重大损失这一特定情形下才能行使。也就是说，行政机关单方变更、解除协议必须基于行政优益权，从而最大限度维护行政协议的稳定及行政机关的公信力。

本案中，被申请人与申请人签订补偿协议后，经审计部门审计，发现对申请人房屋补偿面积认定存在重大偏差，导致对申请人的房屋补偿面积存在计算方法有误，补偿安置标准超过其应得补偿标准，需要进行调整和变更。被申请人基于公共利益需要，向申请人作出关于变更涉案房屋征收补偿安置协议内容的决定，符合相应规定，且没有对申请人的利益造成损失。一审、二审人民法院认为被申请人为公平公正执行拆迁补偿安置政策，基于公共利益需要，对申请人作出关于变更涉案房屋征收补偿安置协议相关内容的决定，是行政机关正当行使优益权作出的行政行为，符合法律规定，并无不当。

综上，裁定驳回宋某红、吕某清的再审申请。

相关法条

《中华人民共和国民法典》

第四百六十五条　依法成立的合同，受法律保护。

[①] 《宋某红、吕某清再审审查与审判监督行政裁定书》，载中国裁判文书网，https://wenshu.court.gov.cn/website/wenshu/181107ANFZ0BXSK4/index.html?docId=0f5a59147a6a4d0889a4ab040189421a，2022年6月27日访问。

依法成立的合同，仅对当事人具有法律约束力，但是法律另有规定的除外。

36 作对征收人不利的解释

问题提出

补偿协议发生争议，为什么要作对征收人不利的解释？

法律解答

行政协议是社会主义市场经济不断发展的必然产物，是现代行政管理活动发生重大变革的重要体现，是公众社会治理参与权和公共资源分享权的必然结果，是现代社会服务行政、给付行政等发展理念的具体体现。行政机关通过与公民、法人或者其他组织协商签订的协议，一方面充分发挥了市场在资源配置中的决定性作用，让一切生产要素在公开、公平、公正的程序中竞争；另一方面能够更好地发挥政府的职能作用，让社会资本潜力充分释放，更好地实现行政管理和公共服务目标。对于行政协议，《中共中央、国务院关于完善产权保护制度依法保护产权的意见》突出强调了要"完善政府守信践诺机制""大力推进法治政府和政务诚信建设，地方各级政府及有关部门要严格兑现向社会及行政相对人作出的政策承诺，认真履行在招商引资、政府与社会资本合作等活动中与投资主体依法签订的各类合同，不得以政府换届、领导更替等理由违约毁约，因违约毁约侵犯合法权益的，要承担法律和经济责任"。

征收补偿协议作为行政协议，要坚持对行政机关行使优益权行为的合法性审查，确保行政机关"法无授权不可为"原则落实。人民法院审理行政协议案件，应当根据行政诉讼法第七十条的规定对被告订立、履行、变更、解除行政协议的行为是否具有法定职权、是否滥用职权、适用法律法规是否正确、是否遵守法定程序、是否明显不当、是否履行相应法定职责进行全面的合法性审查，不受原告诉讼请求的限制。因行政协议是特殊类型的行政行为，对行政协议效力的判断首先应当适用行政诉讼法关于无效行政行为的规定。同时行政协议作为体现双方合议的产物，又可在不违反行政诉讼法的情况下适用民事法律规范中关于合同效力的规定。

行政诉讼法第七十五条规定，行政行为有实施主体不具有行政主体资格或者没有依据等重大且明显违法情形，原告申请确认行政行为无效的，人民法院判决确认无效。对于行政诉讼法第七十五条"重大且明显"的理解，《最高人民法院关于适用〈中华人民共和国行政诉讼法〉的解释》规定了四种情形：（1）行政行为实施主体不具有行政主体资格；（2）减损权利或者增加义务的行政行为没有法律规范依据；（3）行政行为的内容客观上不可能实施；（4）其他重大且明显违法的情形。在对行政协议的效力进行审查时，要对依法行政、保护相对人信赖利益、诚实信用、意思自治等基本原则进行利益衡量，从维护契约自由、维持行政行为的安定性、保护行政相对人信赖利益的角度，慎重认定行政协议的效力。

征收补偿协议一般都是由征收人提供的格式合同。民法典第四百九十八条规定，对格式条款的理解发生争议的，应当按照通常理解予以解释。对格式条款有两种以上解释的，应当作出不利于提供格式条款一方的解释。格式条款和非格式条款不一致的，应当采用非格式条款。一般认为，按通常理解予以解释，指的是当提供格式条款的对方订约能力较弱时，可以不按提供格式条款一方的理解予以解释，而是按可能订立该合同的一般人的理解予以解释，这对保护采用格式条款订立合同的公民、小企业是有利的。有两种以上解释的，应当作出不利于提供格式条款一方的解释，也就是作出有利于相对方的解释。非格式条款一般是在格式条款外另行商定的条款，或对原来的格式条款重新协商修改的条款，是当事人特别约定的，如果与格式条款不一致，当然采用非格式条款。

相关案例

某区人民政府与杨某培、石某燕行政赔偿案[①]

最高人民法院经审查认为，国家赔偿法第四条规定："行政机关及其工作人员在行使行政职权时有下列侵犯财产权情形之一的，受害人有取得赔偿的权利……（四）造成财产损害的其他违法行为。"本案中，某区人民政府对案涉建筑物实施的强制拆除行为，已经另案生效判决确认违法，杨某培作为被强制拆除建筑物的投资方、石某燕作为被强制拆除建筑物的承租方，对于因强制拆除行为造成的财产损失，有权请求某区人民政府行政赔偿。《最高人民法院关于适用〈中华人民共和国行政诉讼法〉的解释》第四十七条第一款规定，根据行政诉讼法第三十八条第二款的规定，在行政赔偿、补偿案件中，因被告的原因导致原告无法就损害情况举证的，应当由被告就该损害情况承担举证责任。本案中，案涉建筑物被某区人民政府违法强制拆除，杨某培、石某燕已提供了财产损失的初步证据，对于具体损失情况，应适用举证责任倒置，由某区人民政府承担举证责任。某区人民政府对案涉建筑物的评估报告系违法强制拆除后所作，不能作为已对杨某培履行补偿责任的依据，其主张石某燕所投资购买的医疗设备已在违法强制拆除前由其本人全部搬迁，但未能提供有效证据证明。因此，某区人民政府未能完成举证责任，其作出的不予行政赔偿决定，认定事实不清，证据不足。一审判决驳回诉讼请求错误，二审予以纠正，本院予以支持。某区人民政府申请再审的理由不能成立，法院不予支持。

综上，裁定驳回某区人民政府的再审申请。

[①] 《某区人民政府、杨某培错误执行赔偿行政赔偿赔偿裁定书》，载中国裁判文书网，https：//wenshu. court. gov. cn/website/wenshu/181107ANFZ0BXSK4/index. html? docId = f798d737f859493c866faaf800c128bb，2022 年 6 月 27 日访问。

相关法条

《国有土地上房屋征收与补偿条例》

第二十六条 房屋征收部门与被征收人在征收补偿方案确定的签约期限内达不成补偿协议，或者被征收房屋所有权人不明确的，由房屋征收部门报请作出房屋征收决定的市、县级人民政府依照本条例的规定，按照征收补偿方案作出补偿决定，并在房屋征收范围内予以公告。

补偿决定应当公平，包括本条例第二十五条第一款规定的有关补偿协议的事项。

被征收人对补偿决定不服的，可以依法申请行政复议，也可以依法提起行政诉讼。

37 会议纪要是否必须执行

问题提出

一些人认为会议纪要是文字表述，不具有法律效力，会议纪要是否必须执行？

法律解答

会议纪要，是记载和表达会议主要精神和议定事项的一种公文。它是围绕会议中心议题所形成意见的归纳整理，是会议记录的一种再加工。其实这也是法律文书，因为法院往往会判决会议纪要对当事人有约束力，而判断会议纪要是否会产生约束力的关键在于：是否具有设定当事人权利义务关系的内容，各方当事人是否对会议纪要的内容达成一致。在司法实践中，如会议纪要具有设定当事人权利义务关系的内容，且各方当事人已达成一致，则会议纪要具有法律约束力。

相关法条

《最高人民法院关于适用〈中华人民共和国行政诉讼法〉的解释》

第一条 公民、法人或者其他组织对行政机关及其工作人员的行政行为不服,依法提起诉讼的,属于人民法院行政诉讼的受案范围。

下列行为不属于人民法院行政诉讼的受案范围:

……

(五)行政机关作出的不产生外部法律效力的行为;

(六)行政机关为作出行政行为而实施的准备、论证、研究、层报、咨询等过程性行为;

……

(十)对公民、法人或者其他组织权利义务不产生实际影响的行为。

38 补偿协议中的违约金是否可以调整

问题提出

补偿协议中的违约金,征收方是否可以过高为由进行调整?

法律解答

我国民法典确立了严格合同责任,即只要违约就要承担违约责任,补偿协议作为一方是行政机关的行政协议,更应严格遵守。

合同相对性原则是指,合同主要在特定的合同当事人之间发生法律约束力,只有合同当事人一方才能基于合同向合同的相对方提出请求或者提起诉讼,而不能向合同相对方以外的其他主体主张。同理,行政协议的一方当事人针对协议提起诉讼，只能以协议的相对方为被告，以协议相对方以外的其他主体为被告提起诉讼，是对合同相对性原则的违反，也是对征收条例第二十五条第二款规定的违背。

但行政协议在有关行政法和行政诉讼法尚无明文规定的情况下，可以适用民事法律规范。根据民法典第五百八十五条第二款关于"约定的违约金低于造成的损失的，人民法院或者仲裁机构可以根据当事人的请求予以增加；约定的违约金过分高于造成的损失的，人民法院或者仲裁机构可以根据当事人的请求予以适当减少"的规定，人民法院有权根据当事人的请求对协议约定的过分高于损失的违约金予以适当减少。

相关案例

刘某民与某区人民政府
未按照约定履行房屋征收补偿协议案[①]

最高人民法院经审查认为，本案中，某区人民政府未能提供相应证据证明案涉安置房屋已经验收合格、满足交付条件，故某区人民政府应继续按照安置合同约定的 9607 元/年向再审申请人刘某民支付过渡安置费。关于逾期支付过渡安置费违约责任的问题。人民法院审查行政机关是否依法履行、按照约定履行协议，在适用行政法律规范的同时，可以适用不违反行政法和行政诉讼法强制性规定的民事法律规范。合同法第一百一十四条第二款规定，约定的违约金低于造成的损失的，当事人可以请求人民法院或者仲裁机构予以增加；约定的违约金过分高于造成的损失的，当事人可以请求人民法院或者仲裁机构予以适当减少。本案中，某区人民政府与刘某民签订的安置合同约定，按每天 200 元标准承担逾期支付过渡安置费违约责任。该标准明显过高，经某区人民政府请

[①] 《刘某民、某区人民政府再审审查与审判监督行政裁定书》，载中国裁判文书网，https://wenshu.court.gov.cn/website/wenshu/181107ANFZ0BXSK4/index.html?docId=8be55e6ac68747c2b58dab2600c1e7d3，2022 年 6 月 27 日访问。

求，人民法院予以调整，具有相应法律依据；考虑到双方约定的违约金有对损失弥补和督促协议履行的双重属性，一审法院酌情调整为应支付过渡安置费的1倍，二审法院予以维持，并无不当。

综上，裁定驳回再审申请人刘某民的再审申请。

陈某生等与某县人民政府房屋征收补偿协议案[①]

安徽省六安市中级人民法院经审理认为，某县国有土地房屋征收补偿办公室是某县人民政府确定的组织实施房屋征收补偿工作的房屋征收部门，与陈某生、张某平签订房屋征收补偿协议，订立协议的主体合法。陈某生、张某平诉请撤销该协议，依据合同相对性原则，应当以订立协议的房屋征收部门为被告，将某县人民政府列为被告系主体错误。据此作出（2015）六行初字第00121号行政裁定，驳回陈某生、张某平的起诉。

陈某生、张某平不服，提起上诉。

安徽省高级人民法院作出（2016）皖行终233号行政裁定：驳回上诉，维持一审裁定。

最高人民法院认为，本案系再审申请人陈某生、张某平针对其与某县征补办签订的房屋征收补偿协议提起的诉讼。适格被告问题是本案的核心争议。法院经审查认为，以某县人民政府为被告提起本案诉讼，确系错列被告。理由如下：

1. 以协议相对方以外的其他主体为被告违背了合同相对性原则。再审申请人系针对其与某县征补办签订的房屋征收补偿协议提起诉讼，请求人民法院判决撤销该协议，并判决被告予以补偿、赔偿。根据行政诉讼法第十二条第一款第十一项的规定，认为行政机关不依法履行、未按照约定履行或者违法变更、解除政府特许经营协议、土地房屋征收补偿协议等协议的，属于行政诉讼

[①] 《陈某生、张某平与某县人民政府再审行政裁定书》，载中国裁判文书网，https://wenshu.court.gov.cn/website/wenshu/181107ANFZ0BXSK4/index.html?docId=1a9a0dbd7c7948c88dd94596b24858dc，2022年6月27日访问。

受案范围。因此，本案属于行政协议之诉。所谓行政协议，是指行政机关为实现公共利益或者行政管理目标，在法定职责范围内，与公民、法人或者其他组织协商订立的具有行政法上权利义务内容的协议。尽管行政协议在性质上仍然属于一种行政行为，在主体、标的以及目标等方面与民事合同多有不同，但它的确是一种"最少公法色彩、最多私法色彩"的新型行政行为。与民事合同类似，行政协议同样是一种合同，同样基于双方或者多方当事人的意思合致，同样具有合同当事人地位平等以及非强制性等特点。正是基于这种类似性，《最高人民法院关于适用〈中华人民共和国行政诉讼法〉若干问题的解释》第十四条才规定，在行政协议诉讼中"可以适用不违反行政法和行政诉讼法强制性规定的民事法律规范"。在民事合同法律规范中，合同相对性原则具有基础地位。该原则是指，合同主要在特定的合同当事人之间发生法律约束力，只有合同当事人一方才能基于合同向合同的相对方提出请求或者提起诉讼，而不能向合同相对方以外的其他主体主张。本案中，某县征补办系依据征收条例第二十五条与再审申请人订立房屋征收补偿协议。而该条第二款"补偿协议订立后，一方当事人不履行补偿协议约定的义务的，另一方当事人可以依法提起诉讼"的规定也正是合同相对性原则的具体体现。所以，如果再审申请人针对补偿协议提起诉讼，只能以协议的相对方某县征补办为被告，其以合同相对方以外的其他主体某县人民政府为被告提起诉讼，是对合同相对性原则的违反，也是对第二十五条第二款规定的违背。

2. 法定主体原则要求谁行为谁为被告。行政协议虽以合同的面貌出现，但说到底还是一种行政行为。即以传统的行政诉讼当事人规则审视本案，某县人民政府也不应成为适格的被告。在行政诉讼中，确定适格被告的依据是所谓法定主体原则，即行政机关作出了被诉的行政行为，或者没有作出被申请的行政行为，并且该机关在此范围内能对争议的标的进行处分。行政诉讼法第二十六条第一款"公民、法人或者其他组织直接向人民法院提起诉讼的，作出行政行为的行政机关是被告"的规定就是法定主体原则的具体体现。通常情况下,法定主体原则具体包括两个要件:第一,谁行为,谁为被告;第二,行为者,能为处分。以行政协议之诉而言,所谓"谁行为",就是指谁是行政协议的相对方;"能处分",就是指该相对方有能力履行协议所约定的给付义务。本案中,某县征补办是房屋征收补偿协议的另一方当事人,并无争议。再审申请人所强调的是,依照征收条例第四条第一款的规定,"市、县级人民政府负责本行政区域的房屋征收与补偿工作",这无疑已确定某县人民政府的征收补偿主体资格,签订房屋征收补偿协议只是一种具体落实。因此,其以某县人民政府为被告提起诉讼,完全符合条例的原意。法院认为,征收条例第四条第一款的确规定:"市、县级人民政府负责本行政区域的房屋征收与补偿工作。"但这里所谓的"负责",只是明确一种主体责任,并非指该行政区域房屋征收与补偿方面的所有工作都由市、县级人民政府负责。考虑到房屋征收与补偿工作量大面广,不可能都由人民政府具体实施,该条第二款紧接着规定:"市、县级人民政府确定的房屋征收部门(以下称房屋征收部门)组织实施本行政区域的房屋征收与补偿工作。"房屋征收部门与市、县级人民政府在房屋征收与补偿工作中各有分工,各负其责。例如,依照该条例第二十五条的规定,与被征收人订立补偿协议就由房屋征收部门以自己的名义进行;达不成补偿协议的,则依照该条例第二十六条的规定,由房屋征收部门报请市、县级人民政府作出补偿决定。房屋征收部门虽然是由"市、县级人民政府确定",但其职责并非由市、县级人民政府授权,也非由市、县级人民政府委托,其和市、县级人民政府一样,都是在该条例的授权之下以自己的名义履行职责。此外,某县征补办也有能力履行协议所约定的给付义务,从而具有诉讼实施权。依照该条例第十二条第二款的规定,在某县人民政府因涉案建设项目而作出房屋征收决定前,征收补偿费用应当足额到位、专户存储、专款专用。即使某县征补办在房屋征收补偿协议诉讼中被判令承担继续履行、采取补救措施或者赔偿损失等责任,也因有充分的资金准备而具有承担法律责任的能力。

综上,裁定驳回再审申请人陈某生、张某平的再审申请。

相关法条

《中华人民共和国民法典》

第五百八十五条 当事人可以约定一方违约时应当根据违约情况向对方支付一定数额的违约金,也可以约定因违约产生的损失赔偿额的计算方法。

约定的违约金低于造成的损失的,人民法院或者仲裁机构可以根据当事人的请求予以增加;约定的违约金过分高于造成的损失的,人民法院或者仲裁机构可以根据当事人的请求予以适当减少。

当事人就迟延履行约定违约金的,违约方支付违约金后,还应当履行债务。

拆　　除

39 为什么要先补偿后搬迁

问题提出

有人认为，征收条例中明确了先补偿后搬迁的原则，这种观点是正确的吗？

法律解答

"有征收必有补偿、无补偿则无征收"，是法治的基本要求。"征收"与"补偿"系"唇齿关系"，两者不应分离。宪法第十三条第三款规定，国家为了公共利益的需要，可以依照法律规定对公民的私有财产实行征收或者征用并给予补偿。从上述规定可以看出，我国宪法坚持并明确了"征收"与"补偿"的同时性，坚持"有征收必有补偿"的原则，禁止只征收不补偿或者低补偿。

实践中，多数被征收人关注的并不是是否因"公共利益"而征收等"上游"问题，而是更关注补偿标准和补偿金额等"下游"问题。但少数征收决定和补偿决定间隔时间过长，有的评估时点和补偿时点甚至相差数年之久，以致如何补偿成为案件争议的主要问题。市、县级政府未及时签订补偿协议或作出补偿决定的原因很多：有的因为市、县级政府建设项目用地需求不迫切或者没有项目；有的因为安置补偿资金不到位无力补偿；有的因为征地后建设规划有所调整；有的因为征收行为本身不规范引发诉讼以致补偿问题被搁置；有的因为被征收人提出不合法不合理的补偿要求，征收单位依法履职不力；还有个别因维稳需要以拖待变，最终造成在征收决定公告数年后，安置补偿问题仍未得到解决；有的则经过旷日持久的复议、诉讼，最终仍未有效解决补偿问题。

一般认为，征收条例第二十七条第一款规定了房屋征收应当先补偿、后搬迁，第十二条第二款"作出房屋征收决定前，征收补偿费用应当足额到位、专户存储、专款专用"就是先补偿后征收、搬迁的立法出处。征收补偿费用的足额到位，是保障房屋征收实施工作顺利进行的前提条件，也是保护被征收人利益的重要前提。足额到位，是指用于征收补偿的货币、实物的数量应当符合征收补偿方案的要求，能够保证全部被征收人得到依法补偿和妥善安置。征收补偿费用的足额到位，包括实物和货币两部分，是二者之和，即已经提供实物补偿的，可在总额中扣减相关费用。专户存储、专款专用是保证补偿费用不被挤占、挪用的重要措施。专户存储要求在银行设立专门账户进行存储管理。专款专用，是指征收补偿费用只能用于发放征收补偿，不得挪作他用。

不坚持先补偿后搬迁原则，会侵犯被征收人的居住权，有的还会酿成恶性事件。

相关法条

《国有土地上房屋征收与补偿条例》

第十二条 市、县级人民政府作出房屋征收决定前，应当按照有关规定进行社会稳定风险评估；房屋征收决定涉及被征收人数量较多的，应当经政府常务会议讨论决定。

作出房屋征收决定前，征收补偿费用应当足额到位、专户存储、专款专用。

40 补偿决定的强制执行主体是法院还是人民政府

问题提出

征收条例第二十八条明确了补偿决定的强制执行主体是人民法院，为什么现实中都是人民政府在实施？

法律解答

强制搬迁是社会各界普遍关注的问题。有意见提出，取消《城市房屋拆迁管理条例》中的行政机关自行强制拆迁的规定，认为征收从启动到实施都是由人民政府来完成，人民政府是征收的一方当事人，不应再拥有行政强拆权，如果将对未搬迁的被征收人进行强制的权力交由政府来行使，容易导致行政强拆权的滥用，不利于对被征收人权益的保护，只能依法申请法院强制搬迁，人民法院强制搬迁，可以由法院作出裁定，由人民政府有关部门执行，人民法院进行监督。但也有意见认为，征收作为人民政府公权行为，行政强制性是应有之义，作为维护公共利益的人民政府征收行为，行政强拆权不能削弱，只有高效的行政强制才能保证公共利益的及早实现。为了提高征收工作的效率，保证建设活动的顺利进行，有必要保留行政机关自行强制拆迁，实行行政机关自行强制拆迁与司法强制搬迁并行的制度，但应当对行政机关自行强制拆迁的条件和程序作出严格限定。

征收条例第二十六条规定了房屋征收部门与被征收人达不成协议或者被征收房屋所有权不明确时，由房屋征收部门报请征收人作出补偿决定，这是对征收纠纷处理的第一道程序，如果被征收人对补偿决定不服，可以申请行政复议或提起行政诉讼，寻求司法救济，维护自身权益。被征收人既不申请行政复议或者提起行政诉讼，又不履行补偿决定，这种情况下就需要通过非诉强制措施来达到实现补偿决定、稳定补偿关系、推动征收实施的目的。

原拆迁条例规定，不履行拆迁行政裁决的强制措施分行政机关自行强制拆迁和政府申请法院强制拆迁两类。条例最终明确由政府申请法院强制执行。至于法院强制执行的模式，有观点认为可以由法院作出裁定，再交由政府有关部门执行，法院进行监督；也有观点认为既然已确定司法强制，就应将执行案件全部交由法院去执行，行政机关不应介入。由于本条例是行政法规，不宜对执行模式作规定，因此本条例对此没有明确规定。

《最高人民法院关于办理申请人民法院强制执行国有土地上房屋征收补偿决定案件若干问题的规定》第九条规定，人民法院裁定准予执行的，一般由作出征收补偿决定的市、县级人民政府组织实施，也可以由人民法院执行。这主要是基于探索以"裁执分离"为主导的强制执行方式的需要。所谓"裁执分离"，是指作出裁决的机关（机构）与执行裁决的机关（机构）应当分离，即不能由同一机关（机构）既行使裁决权又行使执行权，从而体现权力的监督与制约，防止权力的滥用侵害相对人的合法权益。体现在房屋征收补偿决定的强制执行方面，"裁执分离"主要体现为两种情形：一是根据条例规定，被征收人在法定期限内不申请行政复议或者不提起行政诉讼，在补偿决定规定的期限内又不搬迁的，由作出房屋征收决定的市、县级人民政府依法申请人民法院强制执行。也就是说，作出房屋征收决定的市、县级人民政府不能自行决定强制执行，而必须依法向人民法院提出申请，由人民法院审查后作出是否准予执行的裁定。这一规定的意义在于，征收补偿决定的合法性、正当性需要受到司法机关的监督，经人民法院审查确认合法有效的，才能进入执行程序。二是就人民法院内设机构而言，行政机关申请法院强制执行其作出的行政行为的，由行政审判庭进行审查并作出裁定，需要由人民法院强制执行的，由人民法院的执行机构组织实施。

上述规定明确了人民法院裁定准予执行的，一般由作出征收补偿决定的市、县级人民政府组织实施。也是从现实可行性出发，经有关国家机关反复协商后形成的共识,符合"裁执分离"的司法改革基本方向。同时,在个别例外情形下,人民法院认为自身有足够能力实施时,也可以依照规定由人民法院执行。应当说明的是,一般由作出征收补偿决定的市、县级人民政府组织实施的规定,与条例关于申请人民法院强制执行的规定并不矛盾,前者的意义在于实现"裁执分离"接受司法监督,后者的意义在于经司法审查确认并明确具体实施方式。

对于行政机关作出的行政行为,当事人在法定期限内既不申请行政复议或者提起行政诉讼,又不履行的,行政机关可以向人民法院申请强制执行,人民法院对符合条件的申请强制执行案件,应当立案受理,对不符合条件的,应当裁定不予受理;人民法院受理后,应当依法进行审查并就是否准予强制执行作出裁定。因此,对于行政机关申请人民法院强制执行的规定,当事人对人民法院强制执行不服的,可以提出申诉。

相关案例

凌某颜与某区人民政府房屋征收补偿案[①]

最高人民法院经审查认为,行政诉讼法第九十七条规定,公民、法人或者其他组织对行政行为在法定期限内不提起诉讼又不履行的,行政机关可以申请人民法院强制执行,或者依法强制执行。也就是说,对于行政机关作出的行政行为,当事人在法定期限内既不申请行政复议或者提起行政诉讼,又不履行的,行政机关可以向人民法院申请强制执行,人民法院对符合条件的申请强制执行案件,应当立案受理,对不符合条件的,应当裁定不予受理;人民法院受理后,应当依法进行审查并就是否准予强制执行作出裁定。本案中,某区人民政府于2015年4月28日向某区人民法院申请强制执行。对某区人民政府提出

[①] 《凌某颜再审审查与审判监督行政裁定书》,载中国裁判文书网,https://wenshu.court.gov.cn/website/wenshu/181107ANFZ0BXSK4/index.html?docId=a7a8699394db4c1f87d9aa0e010dd7bf,2022年6月27日访问。

的该申请，某区人民法院已立案受理按非诉审查程序进行了合法性审查，并作出122号非行政执行裁定，以24号补偿决定事实清楚，程序合法，适用法律法规正确为由，准予强制执行。现凌某颜提起诉讼，请求撤销24号补偿决定，因该补偿决定已被生效裁判的效力所羁束，故一审裁定驳回起诉，二审予以维持并无不当。

需要指出的是，对于行政机关申请人民法院强制执行的规定，当事人对人民法院强制执行不服的，可以提出申诉。凌某颜如认为人民法院违法受理和审查行政机关强制执行的申请并裁定执行的，可以向人民法院提出申诉，人民法院可以作为申诉案件进行审查并根据案情作出具体处理。

综上，裁定驳回凌某颜的再审申请。

何某与某区人民政府确认行政行为违法案[1]

重庆市第一中级人民法院一审作出（2015）渝一中法行初字第00348号行政裁定认为，本案何某提起的诉讼请求为："请求依法确认某区人民政府对某大厦申请强制搬迁的行为违法。"经过阅卷、调查，本案被诉行为系某区人民政府2014年5月28日向重庆市沙坪坝区人民法院申请强制执行的行为。对某区人民政府提出的该申请，某区人民法院已立案受理按非诉审查程序进行审查，并作出（2014）沙法行非审字第00157号非诉行政执行裁定书。行政强制法第五十三条规定，当事人在法定期限内不申请行政复议或者提起行政诉讼，又不履行行政决定的，没有行政强制执行权的行政机关可以自期限届满之日起三个月内，依照本章的规定申请人民法院强制执行。根据前述规定，行政机关申请强制执行的行为是否合法，应当由受理该申请的人民法院审查并作出裁定，被申请人如果认为行政机关申请强制执行的行为不合法，应当在该案件的审查程序中提出。故行政机关申请人民法院强制执行的行为，不属于行政诉讼

---

[1] 《何某与某区人民政府再审行政裁定书》，载中国裁判文书网，https://wenshu.court.gov.cn/website/wenshu/181107ANFZ0BXSK4/index.html? docId=ccbfa259164042e89dbfa89701129ea0，2022年6月27日访问。

受案范围。据此，裁定驳回何某的起诉。

何某不服，向重庆市高级人民法院提起上诉。重庆市高级人民法院二审作出（2016）渝行终367号行政裁定驳回上诉，维持原裁定。

最高人民法院经审查认为，本案的焦点在于何某请求人民法院确认某区人民政府申请强制搬迁的行为违法，是否具有通过行政诉讼加以救济的必要性及实效性。经一审法院查明，某区人民政府于2014年5月28日向某区人民法院申请强制执行。对某区人民政府提出的该申请，某区人民法院已立案受理按非诉审查程序进行了合法性审查，并作出（2014）沙法行非审字第00157号非诉行政执行裁定书，由该院执行局负责强制执行。对于上述关于行政机关申请人民法院强制执行的规定，是属于行政性的还是司法性的，所产生的争议寻求何种救济途径，历来存在争议。但在实践中，当事人如认为行政机关申请人民法院强制执行不合法，目前有以下两种救济途径：一是在申请人民法院强制执行的非诉审查程序中提出异议。依据行政强制法第五十五条、第五十六条、第五十七条，《最高人民法院关于执行〈中华人民共和国行政诉讼法〉若干问题的解释》第八十六条以及《最高人民法院关于办理申请人民法院强制执行国有土地上房屋征收补偿决定案件若干问题的规定》第二条、第三条的规定，人民法院对符合条件的申请人民法院强制执行案件，应当立案受理，对不符合条件的，应当裁定不予受理。故当事人可以对行政机关申请人民法院强制执行是否符合受理条件提出异议。另外，依据行政强制法第五十八条第一款、《最高人民法院关于办理申请人民法院强制执行国有土地上房屋征收补偿决定案件若干问题的规定》第五条规定，人民法院在审查期间，可以根据需要调取相关证据、询问当事人、组织听证或者进行现场调查。当事人在此期间亦可依法提出异议。二是对人民法院强制执行不服的可以提出申诉。当事人如认为人民法院违法受理和审查行政机关强制执行的申请并裁定执行的，可以向人民法院提出申诉，人民法院可以作为申诉案件进行审查并根据情况作出处理。

但在本案，何某没有依法通过上述两种救济途径寻求救济，而是向一审法院提起行政诉讼,请求人民法院"依法确认某区人民政府对某大厦申请强制搬迁的行为违法。"一般认为,诉的利益是指当事人起诉应当具有的人民法院对其诉讼请求进行判决的必要性及实效性。它关注的重点是人民法院有无必要、是否能够通过判决解决当事人之间的纠纷。何某认为某区人民政府的申请强制搬迁行为不合法,应在所涉非诉审查程序中提出,对本案所涉强制搬迁不服的可以提出申诉寻求救济,而无需就某区人民政府的申请强制搬迁行为单独提起诉讼。在法律上没有明确规定可以对某区人民政府申请强制搬迁行为违法提起行政诉讼,且存在更为有效便捷救济方式的情况下,何某提起的本案行政诉讼有舍近求远之嫌,不具有保护其权利的必要性及实效性,缺乏诉的利益。同时,何某的起诉也不利于纠纷的及时解决,易于形成当事人的诉累,且造成有限司法资源的浪费。故而,原审法院裁定驳回何某的起诉,并无不当。

综上,裁定驳回何某的再审申请。

相关法条

《国有土地上房屋征收与补偿条例》

第二十八条 被征收人在法定期限内不申请行政复议或者不提起行政诉讼,在补偿决定规定的期限内又不搬迁的,由作出房屋征收决定的市、县级人民政府依法申请人民法院强制执行。

强制执行申请书应当附具补偿金额和专户存储账号、产权调换房屋和周转用房的地点和面积等材料。

41 谁具有拆除房屋的职权

问题提出

征收条例第二十八条明确了补偿决定的强制执行主体是人民法院，为什么现实中还存在拆迁乱象？

法律解答

征收条例取消了行政机关自行强制拆迁的规定，限定了人民政府申请人民法院强制执行的前提条件。

相关案例

陈某林与某区人民政府确认强制拆除行为违法案[①]

陈某林住某区环城北路。2018年3月30日，某区人民政府发出《关于某医院棚户区改造项目国有土地上房屋征收的决定》，陈某林房屋被纳入征收范围。该方案确定某区房屋征收补偿安置办公室为该项目征收部门，某区城市建设拆迁事务所为该项目具体征收实施单位。2018年12月17日凌晨5点，陈某林房屋被拆除，2018年12月19日，陈某林以某区人民政府实施了强拆其房屋的违法行为为由向一审法院提起诉讼。

一审法院判决：确认某区人民政府对陈某林位于某区环城北路××号付××号房屋强制拆除的行为违法。

某区人民政府不服一审判决，提起上诉。

[①] 《某区人民政府、陈某林城乡建设行政管理：房屋拆迁管理（拆迁）二审行政判决书》，载中国裁判文书网，https://wenshu.court.gov.cn/website/wenshu/181107ANFZ0BXSK4/index.html?docId=cacfb4fe4cef42-b69fa6ab0d0120de07，2022年6月27日访问。

二审人民法院经审理认为，陈某林经铁路部门许可实际居住涉案房屋，在居住期间该房屋被拆除，其居住权和屋内物品均可能因为房屋的拆除行为受到损害，故即使陈某林不享有房屋所有权，仍应当认可其对涉案拆除行为的利害关系，其具备起诉资格。

对涉案房屋下达征收决定的行政机关是某区人民政府，从征收条例及相关司法解释的规定看，法律上的组织实施机关也是某区人民政府，某区房屋征收补偿安置办公室虽为某区人民政府确定的房屋征收部门，但由于其明显不具备拆除房屋的职权，故其拆除房屋的行为应视为受某区人民政府委托所为，一审认定由某区人民政府承担某区房屋征收补偿安置办公室拆除涉案房屋的法律后果，法院予以认可。

某区人民政府虽与铁路部门签订了安置补偿协议，实际支付了相应的款项，但涉案房屋并未自愿交出，而且拆除涉案房屋时尚存在居住人员，其享有居住权及屋内物品的财产权，此时某区人民政府应当采取下达行政决定等形式，保障居住人的合法权利，也可以等待铁路部门依法驱逐居住人，其未采取任何程序，仅依据签订协议及支付款项的事实即拆除涉案房屋，属于程序违法。一审确认涉案拆除行为违法，事实清楚，适用法律正确，应予维持。判决驳回上诉，维持一审判决。

相关法条

《国有土地上房屋征收与补偿条例》

第二十八条　被征收人在法定期限内不申请行政复议或者不提起行政诉讼，在补偿决定规定的期限内又不搬迁的，由作出房屋征收决定的市、县级人民政府依法申请人民法院强制执行。

强制执行申请书应当附具补偿金额和专户存储账号、产权调换房屋和周转用房的地点和面积等材料。

42 房屋征收与补偿工作的主体

问题提出

在不知道自己的房子的拆除人是谁的情况下,是否可以起诉当地人民政府?

法律解答

征收条例规定市、县级人民政府是征收与补偿的主体,由房屋征收部门组织实施房屋征收与补偿工作。

法谚云:"任何人不得从自己的违法行为中获利。"国有土地上房屋征收过程中,有且仅有市、县级人民政府及其确定的房屋征收部门具有强制拆除被征收人合法房屋的行政职权。市、县级人民政府及房屋征收部门不能举证证明被征收人合法房屋系其他主体拆除的,可以认定其为强制拆除的责任主体。市、县级人民政府及房屋征收部门委托建设单位等民事主体实施强制拆除的,市、县级人民政府及房屋征收部门对强制拆除后果承担法律责任。建设单位等民事主体以自己名义违法强拆,侵害物权的,除承担民事责任外,违反行政管理规定的,依法承担行政责任;构成犯罪的,依法追究刑事责任。市、县级人民政府在未作出补偿决定又未通过补偿协议解决补偿问题的情况下,违法强制拆除被征收人房屋,应当依法赔偿被征收人房屋价值损失、屋内物品损失、安置补偿损失等。人民法院在确定赔偿数额时,应当坚持全面赔偿原则,合理确定房屋等的评估时点,并综合协调适用国家赔偿法规定的赔偿方式、赔偿项目、赔偿标准与征收条例规定的补偿方式、补偿项目、补偿标准,确保被征收人得到的赔偿不低于其依照征收补偿方案可以获得的征收补偿。

需要特别说明的是,拟确定征收主体是征收过程中清除、圈占和强拆等事实行为的实施主体，并不是在证据确凿的基础上所查明的客观事实，而是在证据有限、真伪不明的前提下依职权法定原则所作出的合理推定，实质是为征收主体附加了反证不能的不利推定的法律后果，目的在于保护合法权益，解决行政争议，监督依法行政。该推定虽然从法律层面具有高度盖然性，但是并不等同于客观事实，如果有证据证明事实行为确属其他行政机关所为，依法应当以该事实为准，即遵循"谁行为，谁被告"的原则确定适格被告。此种情况下，确定更高级别或者更多数量的行政机关为征收过程中事实行为的实施主体缺乏有效性和必要性，亦于法无据，于理不合。

相关案例

史某兰与某区人民政府等房屋强拆行为违法案[1]

最高人民法院经审查认为，房屋征收过程中发生的房屋强拆行为，如果确实无法查清强拆主体的，可根据拆迁工作的目的及根据权责一致的原则，推定具有补偿职责的市、县级人民政府为强拆主体。但是如果能够查明拆除房屋的实际主体的，应按照实际情况据实认定实际强拆主体。本案中，史某兰认为某区人民政府、某公安分局、某办事处共同实施了强制拆除其房屋的行为，但其提供的视频及照片等证据，不能证明某区人民政府参与实施了涉案强制拆除行为。且根据原审查明的事实，某办事处出具了情况说明，自认其实施了涉案强制拆除行为。某办事处具有独立承担责任的主体资格，在责任主体明确的情况下，不宜再推定某区人民政府组织或者实施了涉案强制拆除行为。某公安分局虽有工作人员在强制拆除现场，但某公安分局辩称其是接警后到现场维持秩序，因房屋拆除过程中，确实可能发生群体性突发事件，且某公安分局不具有实施征收或拆迁行为的法定职责，因此某公安分局的该项答辩理由应予采信。

---

[1]《史某兰、某区人民政府城乡建设行政管理：房屋拆迁管理（拆迁）再审审查与审判监督行政裁定书》，载中国裁判文书网，https：//wenshu.court.gov.cn/website/wenshu/181107ANFZ0BXSK4/index.html？docId＝b78-102626ec0496180b2ab2f00c1e421，2022年6月27日访问。

史某兰对某区人民政府、某公安分局的起诉缺乏事实根据，不符合法定起诉条件，原审人民法院驳回其起诉并无不当。同时，一审法院根据行政诉讼法关于管辖的规定，将史某兰对某办事处提起的行政诉讼案件，移送某区人民法院审理亦无不当。

综上，裁定驳回史某兰的再审申请。

相关法条

《国有土地上房屋征收与补偿条例》

第四条　市、县级人民政府负责本行政区域的房屋征收与补偿工作。

市、县级人民政府确定的房屋征收部门（以下称房屋征收部门）组织实施本行政区域的房屋征收与补偿工作。

市、县级人民政府有关部门应当依照本条例的规定和本级人民政府规定的职责分工，互相配合，保障房屋征收与补偿工作的顺利进行。

43 建筑的强拆也不能"任性"

问题提出

房屋征收中存在"以拆违促拆迁"的情况，即相关部门对违法建筑进行认定，提出具体处理意见。城管部门依据该意见，作出限期拆除决定。当事人逾期不拆除的，政府责成城管等部门实施强拆。个别地方政府甚至通过撤销没有规划许可证的房产证的方式实施拆违。个别地方的执法机构，不按照法定的程序拆除违法建筑，因此存在行政行为违法的现象。

法律解答

房屋作为公民重要的不动产，直接影响公民的生产、生活，因此在决定实施强制拆除前应当慎之又慎，严格依照法律的规定，才能在保障拆迁工作顺利进行的同时，切实维护各方的利益和社会的和谐稳定。

程序合法是行政法的基本原则之一，行政机关作出任何行政行为，均应按照相应的法定程序进行，即使行政相对人违法在先，行政机关纠正违法行为也应当严格按照法定程序履行职责。根据行政强制法第五条的规定，行政强制的实施应当适当，该法第四章对行政机关实施强制拆除行为应当遵循的法定程序作了明确、具体的规定，行政机关拆除违法建筑应当严格依照相关规定进行。强制拆除的对象是违法建筑本身，但组成建筑物的建筑材料及建筑内的物品，则属于当事人的合法财产。当事人因违法建筑所负的法律责任，不应当涉及其合法的私有财产。

虽然城乡规划法、行政强制法均未对行政强制执行的具体实施程序作出明确规定，但是参照行政强制法第三章关于行政强制措施实施程序的规定，结合行政诉讼法第三十八条第二款关于行政赔偿案件中因被告原因导致原告无法举证时由被告承担举证责任的精神，行政机关对违法建筑实施强制拆除的，手段、方式必须科学、适中，不得以粗暴方式实施强制拆除。对于建筑物内的物品，行政机关应当采用公证、见证等方式，进行清点造册、制作现场笔录、妥善保管并及时移交。如行政机关未依法履行上述程序，造成当事人合法财产损失的，则该强制拆除行为应予确认违法。

对违法建筑的认定和拆除，行政机关应该进行下列程序：

一是调查认定。执法机构决定对涉嫌构成违法建筑的建筑立案后，应当对该建筑是否确认为违法建筑进行调查认定，调查人员不得少于2人且须主动出示执法证件。执法人员可以询问建筑所有权人并要求建筑所有权人提供相应的规划许可手续、询问建筑相邻权人、询问建筑所属村基层组织相关人员并制作询问笔录，对现场进行勘验并制作勘验笔录，经调查认定构成违法建筑的，才可以继续走下一步的处罚程序。

二是拟行政处罚（听证程序）。执法机构经调查认定涉案建筑构成违法建筑的，对建筑所有权人作出行政处罚前，应当给被处罚人告知，告知当事人作出行政处罚的事实、理由及依据，并告知当事人依法享有的陈述、申辩和听证权利，当事人要求听证的，执法机构应当依法召开听证会。

三是责令限期改正。对于当事人陈述、申辩或者听证后，执法机构认为其申辩和听证理由不成立，依然需要对其违法建筑作出处罚的，应当先依法责令其限期改正，向当事人下达《责令限期拆除违法建筑处罚决定书》，并告知其依法享有的行政复议和诉讼权利。

四是催告。对于超过限期改正的期限，当事人不改正的，执法机构应当依法催告其限期改正，向当事人下达《责令限期拆除违法建筑处罚催告通知书》，经催告后仍不改正的，才能作出强制拆除的处罚。

五是行政处罚强制拆除决定。经催告，当事人仍不履行自行拆除的义务的，执法机构可以依法作出强制拆除的决定，向当事人下达《强制拆除违法建筑决定书》，告知执法机关的强制拆除决定，并告知其依法享有的复议和诉讼权利。

处罚决定书发生法律效力时，才可以依法拆除违章建筑。处罚决定书发生法律效力有两种情形：（1）当事人不申请行政复议也不提起行政诉讼，过了六个月，处罚决定书就产生法律效力；（2）当事人在两个月内提起行政复议，接着又提起行政诉讼，经过一审二审判决后产生法律效力。没有经过审批或者无证的房屋，要经过严格的法律程序后才可以拆除。

六是公告。对违法建筑作出强制拆除决定的，执法机构应当予以公告，向当事人送达《强制拆除违法建筑公告》，限期当事人自行拆除，不自行拆除且也未申请复议或者提起行政诉讼的，可以依法强制拆除。

七是强制执行。对于公告后仍不自行拆除且也不依法申请行政复议或者提起行政诉讼的当事人，执法机关可以择日强制拆除，并向当事人送达《强制拆除违法建筑通知书》。

相关案例

陈某金与某县人民政府强制拆除行为违法及赔偿案①

2011年，陈某金居住于某县工业园区的临时建筑，其中一大一小两个临时厂棚，建筑面积86平方米，另有其他一些附属设施。2014年某县城管局工作人员巡查发现陈某金涉嫌违法建房。某县城乡规划局认定，该建筑位于某县县城总体规划的规划区范围内，属违法建设行为。2014年7月10日某县城管局作出〔2014〕3006号行政处罚告知书，限陈某金在七日内自行拆除涉案违规临时建筑，并清理好现场。在该告知书中某县城管局已告知陈某金陈述、申辩及申请听证权。2014年7月15日某县城管局将该告知书送达陈某金。之后某县城管局经过现场勘查、调查询问，认定陈某金临时建筑未办理规划许可手续，擅自建设，违反城乡规划法第四十条的相关规定，遂于2014年9月12日作出〔2014〕第4001号行政处罚决定书，限陈某金在收到本决定书七日内自行拆除涉案违法临时厂棚，并清理好现场。在该决定书中某县城管局已告知陈某金申请行政复议权及诉权，并于2014年9月29日将该决定书用挂号信邮寄送达陈某金。2015年1月8日某县城管局作出〔2015〕第01号履行行政处罚决定催告书，催告陈某金在十日内自行拆除涉案违规临时建筑，并清理好现场，告知陈某金陈述、申辩权。2015年1月15日某县城管局将该催告书当面送达陈某金。2015年1月22日某县城管局作出〔2015〕第5001号强制拆除决定书，决定于2015年1月26日起对陈某金依法强制拆除涉案违法临时厂棚，并告知陈某金有申请复议和提起诉讼的权利，并于2015年1月23日将该决定

---

① 《陈某金、某县人民政府城乡建设行政管理：房屋拆迁管理（拆迁）再审审查与审判监督行政裁定书》，载中国裁判文书网，https：//wenshu.court.gov.cn/website/wenshu/181107ANFZ0BXSK4/index.html? docId = 95db-d5e82ce64e1e823fa92001100f68，2022年6月27日访问。

书当面送达陈某金。2015年1月22日，针对涉案违法临时厂棚某县城管局作出关于强制拆除违法建筑的公告，并于次日将公告张贴并送达陈某金。2015年2月5日某县城管局对陈某金的临时厂房进行财物登记，并进行公证。2015年10月12日某县城管局作出搬移财物通知书，限陈某金二日内将违法建筑内的私人财务清理、搬移，否则造成的后果自行负责，并于当日送达该通知书。某县人民政府制定《关于依法对陈某金的违法建筑实施行政强制拆除的行动方案》。在该方案中，明确：经某县人民政府研究决定于2015年10月14日对陈某金的涉案违法建设实施强制拆除，并成立强制拆除工作专项领导小组，某县城管局等部门的工作人员200人参与涉案强制拆除行动。2015年10月14日17时，某县人民政府组织某县城管局等部门工作人员强制拆除涉案违法临时厂棚及附属设施。拆除后，所有建筑材料均被留在现场。

郴州市中级人民法院（2016）湘10行初99号行政判决由某县人民政府赔偿陈某金损失6595元。

陈某金不服一审判决，提起上诉。

湖南省高级人民法院（2017）湘行终345号行政判决驳回上诉，维持一审判决。

最高人民法院经审查认为，行政机关对违法建筑实施强制拆除的，手段、方式必须科学、适中，不得以野蛮方式实施强制拆除。对于建筑物内的物品，行政机关应当采用公证、见证等方式，进行清点造册、制作现场笔录、妥善保管并及时移交。如果行政机关未依法履行上述程序，造成当事人合法财产损失的，则该强制拆除行为应予确认违法。本案中，涉案建筑位于县城总体规划的规划区范围内，某县城管局认定该临时建筑未办理规划许可手续，依法作出行政处罚决定，陈某金逾期没有自行拆除某县城管局作出强制拆除决定，之后由某县人民政府组某县城管局等部门对违法建筑强制拆除。上述程序符合城乡规划法、行政强制法的相关规定，程序并无不当。但是，某县人民政府在组织实施强制拆除过程中，针对建筑物内的财产，既未与陈某金办理财物交接手续，亦未清点建筑物内的财产或进行相应的证据保全。某县人民政府实施强制拆除的行为，不符合法定程序，应予确认违法。一审、二审判决对此部分事实予以认定，但判决驳回陈某金请求判决确认某县人民政府强制拆除其临时厂棚及附属设施的行政行为违法的诉讼请求，适用法律不当，法院予以指正。鉴于案涉建筑已经被拆除，事实上已经无法恢复，陈某金的合法权益只能通过赔偿途径予以解决。即使法院对违法诉讼请求的判决方式错误提起再审，其结果仍然是确认强制拆除行为违法后判决予以相应赔偿，徒增诉累，浪费司法资源。一审、二审判决有关强制拆除行为合法性的诉讼请求虽然在适用法律上存在错误，但本案已无进行再审的必要性，原审该项裁判结果应予维持。

根据行政强制法第八条第一款的规定，公民、法人或者其他组织因行政机关违法实施行政强制受到损害的，依法有权要求赔偿。国家赔偿法第四条第四项则规定，行政机关及其工作人员违法行使行政职权造成财产损害的，受害人有取得赔偿的权利。当事人请求行政赔偿，只有在合法权益受到损害时，才能够获得行政赔偿；没有合法权益可保护的，将不能获得行政赔偿。本案中，陈某金被拆除的建筑物属于违法建筑，且被拆除后的所有建筑材料均留在原地，陈某金亦未提交证据证明存在相应建筑材料损失的证据，故一审、二审对陈某金提出的建筑材料损失及建设建筑物的人工费等赔偿请求不予支持，依法有据，本院予以支持。行政诉讼法第三十八条第二款规定："在行政赔偿、补偿的案件中，原告应当对行政行为造成的损害提供证据。因被告的原因导致原告无法举证的，由被告承担举证责任。"本案中，某县人民政府在强制拆除过程中，本应依法妥善处置并保全证据，以证明其在强制拆除过程中已尽慎重、妥善之注意义务，对陈某金所建违法建筑物中的合法财产已予清空并妥善处理。但某县人民政府未能提供任何相关证据，未尽到举证责任。由于某县人民政府的违法强制拆除，陈某金未能提供证据证明建筑内财产损失，基于公平原则，应适用上述法律规定，由某县人民政府承担举证不能的不利后果并负相应的赔偿责任。一审、二审判决结合案件实际和陈某金的诉求，采用酌定方式，支持陈某金生活、生产用品损失及水管、电线、电表等损失，客观公正，已充分保护陈某金的合法财产损失。

综上，裁定驳回陈某金的再审申请。

相关法条

《中华人民共和国行政强制法》

第五条 行政强制的设定和实施，应当适当。采用非强制手段可以达到行政管理目的的，不得设定和实施行政强制。

第八条 公民、法人或者其他组织对行政机关实施行政强制，享有陈述权、申辩权；有权依法申请行政复议或者提起行政诉讼；因行政机关违法实施行政强制受到损害的，有权依法要求赔偿。

公民、法人或者其他组织因人民法院在强制执行中有违法行为或者扩大强制执行范围受到损害的，有权依法要求赔偿。

44 以危房为由强拆是否属于滥用职权

问题提出

实践中，除违法的"以拆违促拆迁"外，征收人偶尔会为了节省工期，对于已经启动征地程序的房屋，转而采取危房鉴定和强制拆除的做法，该做法是否符合法律规定？

法律解答

征收条例中明确规定任何单位和个人不得采取暴力、威胁或者违反规定中断供水、供热、供气、供电和道路通行等非法方式迫使被征收人搬迁。征收条例第三十一条对部分禁止性行为进行了列举，但是并不能局限于所列举的这些行为，如果实施征收搬迁工作的单位或者个人采用其他非法方式强迫被征收人搬迁的，也同样应当给予相应的处罚。

对于上述违法行为，将按以下形式承担相应的法律责任：

一、造成损失的，依法承担赔偿责任

任何单位或者个人采取暴力、威胁或者违反规定中断供水、供热、供气、供电和道路通行等非法方式迫使被征收人搬迁，给被征收人造成了损失的，都应当对被征收人依法予以赔偿。本条规定的赔偿主要包括行政赔偿和民事赔偿。

1. 行政赔偿。依照国家赔偿法的规定，行政机关及其工作人员在行使行政职权时侵犯人身权、财产权应当予以赔偿的，属于行政赔偿。如果市、县级人民政府，市、县级人民政府确定的房屋征收部门，市、县级人民政府有关部门，房屋征收部门委托的房屋征收实施单位以及工作人员在从事房屋征收补偿工作时违反了本条规定，造成损失的，应当依照国家赔偿法的规定承担行政赔偿责任。国家赔偿法第七条规定，行政机关及其工作人员行使行政职权侵犯公民、法人和其他组织的合法权益造成损害的，该行政机关为赔偿义务机关。两个以上行政机关共同行使行政职权时侵犯公民、法人和其他组织的合法权益造成损害的，共同行使行政职权的行政机关为共同赔偿义务机关。法律、法规授权的组织在行使授予的行政权力时侵犯公民、法人和其他组织的合法权益造成损害的，被授权的组织为赔偿义务机关。受行政机关委托的组织或者个人在行使受委托的行政权力时侵犯公民、法人和其他组织的合法权益造成损害的，委托的行政机关为赔偿义务机关。赔偿义务机关被撤销的，继续行使其职权的行政机关为赔偿义务机关；没有继续行使其职权的行政机关的，撤销该赔偿义务机关的行政机关为赔偿义务机关。因此，市、县级人民政府，市、县级人民政府确定的房屋征收部门，市、县级人民政府有关部门及其工作人员在房屋征收补偿工作中违反本条规定，造成损失的，该行政机关为赔偿义务机关。房屋征收部门委托的房屋征收实施单位及其工作人员，在从事房屋征收与补偿具体工作时违反本条规定，造成损失的，房屋征收部门为赔偿义务机关。

2.民事赔偿。国家赔偿法第五条规定，属于下列情形之一的，国家不承担赔偿责任：(1)行政机关工作人员与行使职权无关的个人行为；(2)因公民、法人和其他组织自己的行为致使损害发生的；(3)法律规定的其他情形。因此，如果违反本条规定，造成损失的不是行政机关及其工作人员，也不是行政机关委托的组织或者个人，或者是工作人员与行使职权无关的个人行为致使损害发生的，则不属于行政赔偿的范畴，应当由其承担民事赔偿责任，依照有关民事法律的规定处理。

二、对直接负责的主管人员和其他直接责任人员，构成犯罪的，依法追究刑事责任

违反本条规定构成犯罪的，主要涉及刑法中有关侵犯公民人身权利和侵犯财产的犯罪。例如，刑法第二百三十四条规定，故意伤害他人身体的，处三年以下有期徒刑、拘役或者管制。犯前款罪，致人重伤的，处三年以上十年以下有期徒刑；致人死亡或者以特别残忍手段致人重伤造成严重残疾的，处十年以上有期徒刑、无期徒刑或者死刑。本法另有规定的，依照规定。如果在房屋征收与搬迁过程中，工作人员使用暴力手段故意伤害被征收人身体的，就应当依照刑法第二百三十四条的规定予以处罚。又如，刑法第二百七十五条规定，故意毁坏公私财物，数额较大或者有其他严重情节的，处三年以下有期徒刑、拘役或者罚金；数额巨大或者有其他特别严重情节的，处三年以上七年以下有期徒刑。如果在房屋征收与搬迁过程中，存在故意毁坏被征收人财物的情况，数额较大或者有其他严重情节的，就应当依照刑法第二百七十五条的规定予以处罚。

三、构成违反治安管理行为的，依法给予治安管理处罚

这里所说的依法，是指依据治安管理处罚法的规定进行处罚。治安管理处罚法第二条规定，扰乱公共秩序，妨害公共安全，侵犯人身权利、财产权利，妨害社会管理，具有社会危害性，依照刑法的规定构成犯罪的，依法追究刑事

责任；尚不够刑事处罚的，由公安机关依照本法给予治安管理处罚。因此，对于违反治安管理行为，尚不构成犯罪的，应当由公安机关依照治安管理处罚法的规定予以处罚。

相关案例

王某与某区人民政府强制拆除房屋案[①]

最高人民法院认为，王某系因不服某区人民政府强制拆除其房屋的行为提起本案诉讼。某区人民政府主张其依据《北京市房屋建筑使用安全管理办法》第十九条的规定责成某办事处实施解危排险工作。某办事处对此事也予以认可。《北京市房屋建筑使用安全管理法》第十九条规定，经鉴定为危险房屋的，应当根据鉴定报告的处理建议使用或者停止使用房屋建筑……使用人拒不按照前款规定搬出的，住房和城乡建设行政主管部门应当书面责令使用人搬出，情况紧急危及公共安全的，区县人民政府可以责成有关部门组织强制搬出，并妥善安置。某区人民政府实施的"责成"行为属上级行政机关对下级行政机关下达的指令，具有内部性和过程性，通常不对当事人的合法权益产生直接的影响，不属于行政诉讼受案范围，王某应以某办事处为被告提起本案诉讼。本案系错列被告，王某经原审法院释明拒绝变更被告。故原一审、二审法院分别裁定驳回其起诉和上诉，符合法律规定。

综上，裁定驳回再审申请人王某的再审申请。

相关法条

《国有土地上房屋征收与补偿条例》

第三十一条 采取暴力、威胁或者违反规定中断供水、供热、供气、供电

[①] 《王某、某区人民政府城乡建设行政管理：房屋拆迁管理（拆迁）再审审查与审判监督行政裁定书》，载中国裁判文书网，https://wenshu.court.gov.cn/website/wenshu/181107ANFZ0BXSK4/index.html?docId=f2ffb-8efa2c94fb9b737ab110113e10f，2022年6月27日访问。

和道路通行等非法方式迫使被征收人搬迁，造成损失的，依法承担赔偿责任；对直接负责的主管人员和其他直接责任人员，构成犯罪的，依法追究刑事责任；尚不构成犯罪的，依法给予处分；构成违反治安管理行为的，依法给予治安管理处罚。

45 违法征收的赔偿应当高于同等情形的协议

问题提出

为什么人民法院判决违法征收案件的赔偿，必须高于同等情形的协议？

法律解答

征收的最终目的是通过公平补偿，保护被征收群众的利益，使房屋被征收的群众居住条件有改善、原有生活水平不降低，才能统筹兼顾工业化、城镇化建设和房屋被征收群众的利益，努力把公共利益同被征收人个人利益统一起来。征收补偿协议是约定征收当事人之间权利与义务关系的合同。为了更好地推进征收补偿依法、有序、平稳进行，征收条例鼓励和引导征收人和被征收人以签订补偿安置协议的方式解决补偿问题，以减少纠纷。

但在达不成补偿协议的情况下，行政机关违法征收，因房屋征收引发的行政赔偿有别于一般意义上的侵害财产权引发的行政赔偿，行政机关所承担之赔偿责任不应低于其因违法征收房屋应支付的补偿对价。否则，将使行政机关因违法行为获利，进而产生鼓励行政机关违法征收的不利后果。同时，作为被征收人，其对房屋被违法拆除并无任何过错，故其所获得之赔偿，不应少于同等情形之被征收人应获得之补偿。鉴于此，被征收人因违法征收而获得之赔偿，应适当高于同等情形已签约之被征收人，以达到防止行政机关借违法行为获益、保护无过错当事人的合法权益及避免对已签约被征收人不公平之法律效果。

相关案例

郑某昌等与某区人民政府强拆违法赔偿案[①]

最高人民法院经审查认为，本案中，某区人民政府在未履行法定程序的情况下，径行强制拆除郑某昌集体建设用地上房屋及附属物的行为，应当被确认违法。首先，关于房屋损失赔偿问题，根据某市人民政府令第46号《某市国有土地上房屋征收与补偿办法》规定，征收住宅房屋，实施货币补偿的，补偿标准在被征收房屋房地产市场评估价格基础上上浮20%-30%。区、县市人民政府应当根据征收项目所处区位、被征收房屋不同户型、建筑年代、结构等实际情况确定具体上浮比例。即政府合法征收住宅房屋，被征收人可以获得在市场评估价格基础上上浮20%-30%的优惠。人民政府违法强制拆除房屋的行政赔偿，至少不应低于其合法征收房屋给予补偿的标准。在无法委托评估机构对涉案房屋及其他地上附属物进行评估的情况下，原审法院参考同期、同地段其他案件的评估结论，酌定有产籍房屋的市场评估价格为6229元/平方米，并在此基础上上浮25%作为赔偿标准，酌定无产籍房屋1300元/平方米，彩钢房、棚子等850元/平方米的赔偿标准，并无不当。其次，关于屋内物品损失赔偿问题，因再审申请人提交的证据不能证明其所主张的部分物品存在，考虑到某区人民政府违反法定程序对郑某山房屋和地上附属物进行了强制拆除，且没有对现场物品进行清点，原审法院运用逻辑推理和生活常识，酌情确定赔偿物品损失30000元，较为适当。关于其他财产损失赔偿问题，原审法院参照被征收地块征收补偿方案确定的补偿标准，酌情确定赔偿其围墙、厕所、地面、

[①] 《郑某昌、郑某峰城乡建设行政管理：房屋拆迁管理（拆迁）再审审查与审判监督行政裁定书》，载中国裁判文书网，https://wenshu.court.gov.cn/website/wenshu/181107ANFZ0BXSK4/index.html?docId=94f3a8f0b-768483fb543ab4700c24460，2022年6月27日访问。

渗水井等费用，并考虑了过渡期补助费、搬迁补助费、电话及有线搬迁的费用，较为适当地保护了受害人的合法财产权利。

综上，裁定驳回再审申请人郑某昌、李某英、郑某峰、郑云某的再审申请。

曲某国与某区人民政府房屋拆除行为违法赔偿案①

2012年5月28日，某区人民政府作出了征字〔2012〕3号房屋征收决定。某区某大街××号房产的所有权人为曲某国，该房屋位于3号征收决定范围内，主要用于开办饭店经营。2013年5月10日，某区人民政府作出门政征补决〔2013〕19号房屋征收补偿决定。曲某国不服上述该决定提起行政诉讼。北京市石景山区人民法院于2013年12月10日作出（2013）石行初字第39号行政判决，撤销了上述征补决定。该判决现已发生法律效力。2013年6月8日，某区人民政府拆除了涉案房屋。在拆除过程中，某区人民政府未通知曲某国到场。某区人民政府对拆除过程进行录像，并制作了物品清单。后某区人民政府将涉案房屋内的部分物品存放在某区某小区××号楼内。

一审法院判决某区人民政府赔偿曲某国人民币443万元。

曲某国不服一审赔偿判决，提起上诉。

二审法院经审理认为，本案中，某区人民政府拆除曲某国涉案房屋的行为已被法院确认违法，故某区人民政府对该拆除行为造成的曲某国的财产权损失应依法承担赔偿责任。

本院注意到，本赔偿案系因违法房屋征收行为引发。在房屋征收程序中，曲某国因涉案房屋被征收本应获得相应补偿。拆迁人因违法实施拆迁给被拆迁人合法权益造成损失，双方无法达成拆迁补偿协议的，拆迁补偿问题可纳入行政赔偿途径，拆迁人应承担行政赔偿责任。因此，本案有别于一般意义上的侵害财产权引发的行政赔偿案件，需要关注其产生的房屋征收背景。

---

① 《曲某国与某区人民政府赔偿行政判决书》，载中国裁判文书网，https://wenshu.court.gov.cn/website/wenshu/181107ANFZ0BXSK4/index.html?docId=935501f1627943f0857ca92900117173，2022年6月27日访问。

考虑到这一背景，法院确定的某区人民政府所承担之赔偿责任不应低于其因征收曲某国之涉案房屋应支付的补偿对价，否则将使某区人民政府因违法行为获利，进而产生鼓励行政机关违法征收的不利后果。同时，作为被征收人，曲某国对涉案房屋被违法拆除并无任何过错，故其所获得之赔偿不应少于同等情形之被征收人应获得之补偿。虽然曲某国与某区人民政府并未达成征收补偿协议，但考虑到某区人民政府作出的征收补偿决定及实施之拆除行为均已被确认违法，如法院以可作征收补偿决定阶段作为确定某区人民政府赔偿责任的参考时点，显然无法达成促进行政机关依法行政之目的，亦可能使曲某国所获赔偿明显少于同等情形之被征收人应获得之补偿，因此从最大限度保护曲某国合法权益考量，本案应以涉案项目可签订征收补偿协议时某区人民政府应支付给曲某国的补偿，作为确定赔偿责任之对价参考。此外，法院在确定某区人民政府的赔偿责任时，还应考虑其他已签约被征收人的比较正义问题。如曲某国获得之赔偿明显高于已签约被征收人获得之补偿，则既对已签约之被征收人不公平，亦可能增加其他项目被征收人的不当期待、妨碍征收补偿程序正常进行。鉴于此，本院确定的曲某国应获得之赔偿，应适当高于同等情形已签约之被征收人，以达到防止行政机关借违法行为获益、保护无过错当事人的合法权益及避免对已签约被征收人不公平之法律效果。

法院注意到，某区人民政府针对曲某国作出的征补决定被法院判决撤销的时间为2013年12月20日，涉案房屋被拆除于2013年6月8日，至今已逾五年。在这一过程中，某区人民政府一直未再作出新的征收补偿决定，曲某国虽对涉案房屋被违法拆除无任何过错但一直未获任何补偿，并一直在为获得相应赔偿寻求法律救济，沉淀了大量的人力物力成本，对其境遇法院深表同情。为最大限度地保护曲某国的合法权益，填补其因房屋被征收可能获得之补偿利益，并敦促行政机关在今后的房屋征收活动中依法行政、积极行政，法院另行酌定某区人民政府赔偿曲某国的其他损失共计人民币200000元。

综上，判决某区人民政府赔偿曲某国330.69平方米的房屋用于安置（具体房屋所在地区、地块、房号详见附后清单,实际安置房屋面积超出应安置房屋面积的,曲某国应按每平方米人民币4500元的标准补缴差额房款);某区人民政府赔偿曲某国房屋、装修及附属物重置成新价人民币193760元,赔偿曲某国停产停业损失人民币89120元,赔偿曲某国搬家补助费人民币7008元,赔偿损坏、遗失室内物品损失人民币38万元,四项赔偿金合计人民币669888元;某区人民政府赔偿曲某国自2013年6月8日起至其办理安置房屋入住手续当月止每月人民币1800元的房屋周转损失;某区人民政府赔偿曲某国其他损失人民币20万元。

相关法条

《国有土地上房屋征收与补偿条例》

第二十八条 被征收人在法定期限内不申请行政复议或者不提起行政诉讼,在补偿决定规定的期限内又不搬迁的,由作出房屋征收决定的市、县级人民政府依法申请人民法院强制执行。

强制执行申请书应当附具补偿金额和专户存储账号、产权调换房屋和周转用房的地点和面积等材料。

46 未超出日常生活用品合理范围的损失应当赔偿

问题提出

在强拆中,对房屋内物品的损失双方都举证困难的情况下,房屋内物品损失的赔偿数额如何确定?

法律解答

需要说明的是,审判实践中存在一些行政赔偿案例,即在损害事实难以查明的情况下，法官未审查这一情况的出现是否是因征收人的原因导致，简单适用"谁主张、谁举证"的举证责任，判决驳回被征收人的赔偿请求。这样将会导致征收人通过不依法进行财产登记、公证等方式留存证据以规避赔偿责任的现象，不仅不利于行政相对人合法权益的保护，而且将严重损害法律的公平正义。

在房屋强制拆除引发的行政赔偿案件中，原告提供了初步证据，但因行政机关的原因导致原告无法对房屋内物品损失举证，行政机关亦因未依法进行财产登记、公证等措施无法对房屋内物品损失举证的，人民法院对原告未超出市场价值的符合生活常理的房屋内物品的赔偿请求，应当予以支持。在法律没有明确规定的情况下，实践中，要靠法官综合全案的证据进行酌情确定房屋内物品损失的赔偿数额。"酌定"是法官的自由裁量权，但也不能毫无道理和依据地行使酌定裁量的权利。"酌定"的前提，应该是对证据的充分分析与认定。

相关案例

刘某学与某区人民政府行政赔偿案[①]

刘某学原拥有位于某区某路×号某大厦×栋×单元×楼×××号的一套房屋，并办理了《房屋所有权证》和《国有土地使用证》。2016年10月14日，某区人民政府作出〔2016〕9号《国有土地上房屋征收决定》，2016年12月12日，刘某学与某区土地和房屋征收事务管理办公室签订《国有土地上房屋征收补偿协议书》，约定征收刘某学案涉房屋的各项补偿费用总额为631127元；同时约定对补偿款分期付款，首付35万元，余款待刘某学腾空房屋办理水、电、气销户移交给征收部门后3-5个工作日内付清。2017年4月20日，某区土地和房屋征收事务所通过中国工商银行以转账方式支付35万元至刘某学账户，

---

① 《刘某学、某区人民政府行政赔偿赔偿判决书》，载中国裁判文书网，https://wenshu.court.gov.cn/website/wenshu/181107ANFZ0BXSK4/index.html?docId=affa09ec1be94e10a84ca9e6011544cc，2022年6月27日访问。

剩余款项至今未予支付。2017年6月15日，刘某学的案涉房屋被拆除。刘某学主张是某区人民政府组织实施强制拆除房屋行为。某区人民政府不认可，并主张是某区某街道办事处实施了拆除行为，但在法定举证期限内未提交充分的证据证实。刘某学主张，某区人民政府在征收决定书违法且没有给予搬迁安置补偿的情况下，对其房屋违法予以强制拆除，造成经济损失。刘某学遂提起诉讼，请求判决某区人民政府立即恢复刘某学的房屋原状并赔偿因违法行政造成各项损失50万元。

湖南省湘潭市中级人民法院（2017）湘03行赔初23号行政赔偿判决由某区人民政府赔偿拆除刘某学房屋造成的各项损失281127元，并按银行同期存款利率标准支付利息（从2017年6月15日起计算至赔偿款实际支付日止）。刘某学及某区人民政府均不服一审赔偿判决，提起上诉。

湖南省高级人民法院（2018）湘行赔终13号行政赔偿判决：由上诉人某区人民政府赔偿拆除上诉人刘某学房屋造成的各项损失35万元。

最高人民法院认为，本案现在的主要争议焦点问题为赔偿金额如何确定。

人民法院在审理行政赔偿案件时，确定赔偿数额时要坚持全面赔偿和公平合理的理念，既要体现对行政机关违法拆除行为的惩戒，也要确保赔偿请求人的合法权益得到充分保障。在房屋征收强制拆除的行政赔偿案件中，依照现行法律规定确定行政赔偿项目和数额时应当秉持的基本原则是，赔偿数额至少应不低于赔偿请求人依照安置补偿方案可以获得的全部征收补偿权益，不能让赔偿请求人获得的赔偿数额低于依法征收可能获得的补偿数额，以体现赔偿诉讼的惩戒性和对被侵权人的关爱与体恤，最大限度地发挥国家赔偿制度在维护和救济因受到公权力不法侵害的行政相对人的合法权益方面的功能与作用。此时，对国家赔偿法第三十六条中关于赔偿损失范围之"直接损失"的理解，不仅包括赔偿请求人因违法拆除行为造成的直接财产损失，还应包括其作为被征收人所可能享有的全部房屋征收安置补偿权益，如产权调换安置房、过渡费、搬家费、奖励费以及对动产造成的直接损失等，如此才符合国家赔偿法的立法精神。具体到本案而言,对于刘某学因案涉房屋被拆除的赔偿数额的确定,应当从以下四个方面进行分析。

首先,关于协议约定的房屋损失赔偿价值如何确定问题。征收条例第十九条第一款规定,对被征收房屋价值的补偿,不得低于房屋征收决定公告之日被征收房屋类似房地产的市场价格。《国有土地上房屋征收评估办法》第十条第一款规定,被征收房屋价值评估时点为房屋征收决定公告之日。对于被征收人而言,以征收决定公告之日的市场评估价格作为补偿基准,能够体现公平合理补偿原则,保证居民住房水平不因征收行为而发生显著下降。本案中,2016年12月12日,某区土地和房屋征收事务管理办公室与刘某学签订房屋征收补偿协议,约定补偿事项包括房屋补偿、被征收房屋装饰装修、附属设施设备、选择货币补偿奖励、按期签订协议奖励、按期搬迁奖励、搬迁费和临时安置费,共计631127元。刘某学主张案涉征收补偿协议约定价格过低,应以审理时的市场价格作为赔偿的依据或参考。但刘某学提供的两份2018年征收补偿协议并不能证明当地的房屋价格在2018年较其签订协议时有显著上涨,故其该项主张缺乏事实根据,法院不予采信。刘某学还主张该征收补偿协议系被胁迫签订,且协议中关于分期付款等部分约定是伪造的,但刘某学并未提供任何证据予以证明其主张,本院对其该项主张亦不予采信。刘某学签订的征收补偿协议具有真实性,该征收补偿协议对被征收人房屋的补偿是按照房屋征收决定公告之日被征收房屋类似房地产的市场价格为基准确定,足以保障刘某学房屋产权获得充分补偿。

其次,关于二审扣除协议约定的按期搬迁奖、搬迁费、临时安置费是否适当的问题。在房屋征收强制拆除的赔偿案件中,计算"直接损失"时应当包括当事人因违法强拆行为造成的直接财产损失和其他必得利益。当事人在正常的征收补偿程序中依据安置补偿方案应得的利益,均应认定为其所受到的直接损失,应予赔偿。本案中,2016年12月12日,刘某学签订的征收补偿协议中约定的补偿事项包括房屋补偿、被征收房屋装饰装修、附属设施设备、选择货币补偿奖励、按期签订协议奖励、按期搬迁奖励、搬迁费和临时安置费。虽然刘某学并未按照约定搬离并腾空其房屋，但是由于某区人民政府实施的强制拆除行为违法，协议中约定的上述项目包括按期搬迁奖励、搬迁费和临时安置费在内均应纳入赔偿范围，计算为直接损失。二审法院认为，搬迁费和临时安置费"因刘某学一直居住在案涉房屋内未按期搬迁和另行安置，上述约定费用未实际发生"，将征收补偿协议中约定的按期搬迁奖励、搬迁费和临时安置费不认定为直接损失，适用法律不当，应予纠正。

再次，关于刘某学房屋内物品损失的赔偿问题。行政诉讼法第三十八条第二款规定，在行政赔偿、补偿的案件中，原告应当对行政行为造成的损害提供证据；因被告的原因导致原告无法举证的，由被告承担举证责任。《最高人民法院关于适用〈中华人民共和国行政诉讼法〉的解释》第四十七条第三款规定，当事人的损失因客观原因无法鉴定的，人民法院应当结合当事人的主张和在案证据，遵循法官职业道德，运用逻辑推理和生活经验、生活常识等，酌情确定赔偿数额。本案中，某区人民政府强制拆除案涉房屋时，未提供证据证明对于案涉房屋内的物品损失妥善处置并保全证据，造成目前无法准确认定刘某学屋内物品损失的具体数额，某区人民政府应当负有相应的责任。尽管刘某学不能证明其屋内物品损失的具体情况，但对于合理的物品损失，某区人民政府应当予以赔偿。二审遵循法律规定和证据法则，并考虑强制搬迁的具体情况，结合刘某学主张的生活用品、家具家电等财物损失的情况，酌情支持申请人损失7万元，符合本案实际，合乎情理，本院予以支持。刘某学主张其物品损失中包括翡翠手镯价值80万元，但仅提供《房屋内财产损失清单》，另外提供的翡翠手镯、翡翠吊坠截图、吊坠图片等证据均系其通过百度搜索所得，无法证明其翡翠手镯是否存在。在本院询问时，刘某学主张该翡翠手镯系祖传，并包裹在案涉房屋内的棉被里，但是刘某学对于该翡翠手镯的产地、品质等问题，无法作出清晰准确的说明。刘某学认可其房屋所在楼栋于2017年春节期间绝大部分住户均已搬离腾空房屋，且其房屋被停水停电，刘某学对房屋即将面临拆除的情况是明知的。因刘某学患病,刘某学夫妇在房屋被强制拆除前大部分时间均在住院治疗,案涉房屋实际处于长期无人居住的状况。结合上述情况,刘某学称其房屋内存放有价值80万元的翡翠手镯,明显不符合常理且缺乏证据佐证,法院不予采信。刘某学还主张屋内有高电位治疗仪、健身器、健身床垫、金银贵重财物、祖传古代米缸等损失,但是亦未提供有效证据予以证明,法院亦不予采信。

最后,关于刘某学主张的其他损失问题。考虑到本案存在拆除房屋前违法停水停电的情形和因征收部门只支付部分房屋补偿款,使刘某学不能及时购房导致物价上涨等因素,二审酌情确定其他损失的赔偿数额为3万元,已充分保护刘某学的合法权益,本院予以支持。申请人主张租金损失问题。实践中,为了给出合理的时间让被征收人完成搬迁和安置,市、县级人民政府制定安置补偿方案时,一般会根据实际情况给予被征收人适当的临时安置费。本案中,刘某学选择货币补偿方式,在其签订的征收补偿协议中对临时安置费已经进行了明确约定,该临时安置费可以满足刘某学搬迁和安置的需要。刘某学仍主张租金损失,没有法律依据,本院不予支持。

某区人民政府违法强制拆除案涉房屋后,理应及时履行赔偿义务,尽快支付违法损害赔偿金,以使赔偿金的孳息尽早归于受害人,尽可能减少受害人的损失。若违法损害赔偿金不计付利息,则会使受害人的直接损失无法得到全部赔偿,甚至可能促使加害人拖延履行赔偿义务。故法院认为,未及时支付赔偿金所产生的利息亦属于直接损失的范围,应予赔偿。

综上,刘某学的部分申请再审理由成立,一审判决认定事实不清、适用法律错误;二审判决适用法律错误,均应予以纠正。判决由某区人民政府于本判决生效之日起30日内,赔偿拆除刘某学房屋造成的各项损失381127元及利息(利息计算方法:以381127元为基数,从2017年6月15日起计算至赔偿款实际支付日止,按照中国人民银行一年期同类存款基准利率计算)。

相关法条

《中华人民共和国行政诉讼法》

第三十八条　在起诉被告不履行法定职责的案件中，原告应当提供其向被告提出申请的证据。但有下列情形之一的除外：

（一）被告应当依职权主动履行法定职责的；

（二）原告因正当理由不能提供证据的。

在行政赔偿、补偿的案件中，原告应当对行政行为造成的损害提供证据。因被告的原因导致原告无法举证的，由被告承担举证责任。

47 征收拆迁的"一行为一诉"

问题提出

为什么人民法院在立案时要求"一行为一诉"？

法律解答

行政诉讼法第四十九条第三项规定的"有具体的诉讼请求和事实根据"便是法定起诉条件之一。通常认为，"有具体的诉讼请求"主要是指要有确切具体的被诉行政行为。被诉行政行为构成人民法院进行合法性审查的对象，亦决定了人民法院审理和裁判的范围。在一个行政案件中，被诉行政行为一般仅指一个行政机关作出的一个行政行为，或两个及两个以上的行政机关作出的同一个行政行为。尽管公民、法人或其他组织在起诉时可以提出多项具有内在逻辑牵连的诉讼请求，但作为诉讼请求基础的被诉行政行为须只有一个。此即所谓"一行为一诉"的行政诉讼立案受理原则。

该原则实为行政诉讼规律使然。因为不同行政行为的作出主体不同，所依据的行政实体和程序法律存在差别，所基于的事实有异，人民法院进行合法性审查的范围、内容、强度等亦不完全一致。若在一个行政案件中同时对两个或两个以上的行政行为提出起诉，则不仅不利于行政机关有效应诉，而且势必对人民法院聚焦被诉行政行为，归纳争议焦点，组织举证质证，认定案件事实，安排法庭辩论，准确适用法律，作出清晰明确的裁判等诉讼活动的有序开展产生阻碍，进而影响到行政案件的公正、及时审理及保护公民、法人和其他组织合法权益、监督行政机关依法行使职权的审判职能作用发挥，还无益于有针对性地促进行政争议的实质性化解。在无法律规定的情况下，除非存在关联事实等特殊情况及出于诉讼经济的便宜考虑，一般不得在一个行政案件中将两个或两个以上的行政行为列为被诉行政行为。

行政诉讼法第二条第一款规定，公民、法人或者其他组织认为行政机关和行政机关工作人员的行政行为侵犯其合法权益，有权依照本法向人民法院提起诉讼。第四十九条第三项规定，提起行政诉讼，应当有具体的诉讼请求和事实根据。根据上述规定，原告提起行政诉讼，必须有明确的被诉行政行为，只有认为被诉行政行为侵犯其合法权益，对被诉行政行为提出具体的诉讼请求和理由，才符合法定的起诉条件。行政诉讼是对被诉行政行为的合法性进行审查，当事人所诉行政行为不明确，人民法院将无法进行案件的审理和裁判。根据行政诉讼法第十二条第一款第十一项的规定，认为行政机关不依法履行、未按照约定履行行政协议的行为，属于行政诉讼的受案范围。但是，行政协议行为不是一个单一的行政行为，包括协议的签订、履行、变更以及解除等一系列行政行为。当事人针对行政协议行为提起诉讼，必须明确具体的被诉行政协议行为，笼统请求撤销或者确认行政协议行为违法，属于诉讼请求不明确。

相关案例

姬某友、姬某琴与某市人民政府等强制拆除及行政赔偿案[①]

最高人民法院经审查认为，不同行政行为所依据的事实、适用的法律、作出的程序存在差别，人民法院进行合法性审查的范围、内容、强度等亦不完全一致。若在一个行政案件中同时对多个行政行为进行审理，往往对人民法院聚焦被诉行政行为，归纳争议焦点，组织举证质证，认定案件事实，安排法庭辩论，准确适用法律，作出清晰明确的裁判等诉讼活动的有序开展产生阻碍，进而影响到行政案件的公正及时审理。因此，"一行为一诉"应当作为行政诉讼立案受理的基本原则。同时，行政诉讼法并未完全限制同一案件中对多个行为进行审查，行政诉讼法第二十七条、《最高人民法院关于适用〈中华人民共和国行政诉讼法〉的解释》第七十三条也规定了合并审理制度。两个或两个以上的单独诉讼，若有共同的诉讼标的或者法律关系，或基本事实之间具有相同性质的，人民法院可以将多个案件在同一个诉讼中进行审理。合并审理的价值在于将若干个高度关联案件通过一个诉讼程序完成全部审理工作，以提高司法效率，减少当事人诉累。因此，行政诉讼原告同时提出多个诉讼请求的，人民法院既不能简单地认为只要不符合"一行为一诉"的原则即对案件不予受理，也不能认为在每一个案件中都要对被诉的多个行政行为逐一进行合法性审查并裁判，而要审查原告的起诉是否符合合并审理的条件，并根据审查结果决定案件处理方式。一般而言，合并审理应当符合如下条件：第一，当事人的不同诉讼请求，必须是在行政法律关系上有联系的，不能把不相关的案件合并在一起审理；第二，对这些诉讼请求，受诉人民法院必须均拥有管辖权，不符合这一条件，就会违反行政诉讼法有关管辖的规定；第三，必须向同一人民法院提

[①] 《姬某琴、姬某友城乡建设行政管理：房屋拆迁管理（拆迁）再审审查与审判监督行政裁定书》，载中国裁判文书网，https://wenshu.court.gov.cn/website/wenshu/181107ANFZ0BXSK4/index.html?docId=90f94a19c-1594a36b460aafc00c138b0，2022年6月27日访问。

出，并适用同一诉讼程序，不属于同一人民法院管辖或者不适用同一种诉讼程序，就不能对案件合并审理；第四，必须能够达到合并审理的目的，如果使案件复杂化、给审理或判决造成困难、降低审判效益的，不应合并审理。符合合并审理条件的，人民法院应对多个被诉行政行为逐一进行审查。不符合合并审理条件的，人民法院应当向当事人释明由其分别起诉，当事人拒不分别起诉的，人民法院可不予立案或驳回起诉。

本案姬某友、姬某琴对某市人民政府、某市房产管理中心（原某市房产管理局）作出的拆迁许可、拆迁裁决、拆迁公告、强制拆除等行为不服，提起本案行政诉讼，被诉行政行为事实基础不同、依照的行政法律规范不同、涉及的行政法律关系不同，人民法院管辖层级不同。如果对姬某友、姬某琴提出的相关诉讼合并审理，将会造成级别管辖的混乱，还会增加人民法院审理案件的难度，造成案件审理的复杂化，影响案件审理的公正与效率，给当事人造成诉累；还有可能针对姬某友、姬某琴不同的诉讼请求产生多个裁判方式和结果，不宜统一到一个裁判文书中。因此，本案不符合合并审理的条件。一审法院在向其释明后，姬某友、姬某琴仍坚持并案诉讼，原审法院驳回其起诉并无不当。

综上，裁定驳回姬某友、姬某琴的再审申请。

田某雨与某区人民政府房屋征收补偿协议案[①]

邵阳市中级人民法院（2015）邵中行初字第51号行政裁定认为，本案系房屋行政征收案件。田某雨集体土地上的房屋被征收，其本人已签订《拆迁协议》且补偿款已全部领取。田某雨对补偿标准有异议，应先向行政机关申请行政裁决。田某雨直接向人民法院提起行政诉讼，人民法院应不予受理。裁

---

① 《田某雨、某区人民政府乡政府再审审查与审判监督行政裁定书》，载中国裁判文书网，https://wenshu.court.gov.cn/website/wenshu/181107ANFZ0BXSK4/index.html? docId = 54bc10b941ad449a9960a812010412c5，2022年6月27日访问。

定驳回田某雨的起诉。田某雨不服一审裁定，提起上诉。

湖南省高级人民法院（2016）湘行终294号行政裁定驳回上诉，维持一审裁定。

最高人民法院经审查认为，原告提起行政诉讼，必须有明确的被诉行政行为，只有认为被诉行政行为侵犯其合法权益，对被诉行政行为提出具体的诉讼请求和理由，才符合法定的起诉条件。行政诉讼是对被诉行政行为的合法性进行审查，当事人所诉行政行为不明确，人民法院将无法进行案件的审理和裁判。根据行政诉讼法第十二条第一款第十一项的规定，认为行政机关不依法履行、未按照约定履行行政协议的行为，属于行政诉讼的受案范围。但是，行政协议行为不是一个单一的行政行为，包括协议的签订、履行、变更以及解除等一系列行政行为。当事人针对行政协议行为提起诉讼，必须明确具体的被诉行政协议行为，笼统地请求撤销或者确认行政协议行为违法，属于诉讼请求不明确。本案中，田某雨与某区人民政府签订的拆迁协议属于行政协议，其一审的诉讼请求为撤销行政协议，但是其诉讼的具体理由中既包括签订协议时的协议缺乏真实性、协议显失公平、对补偿标准提出异议，又包括安置宅基地没有履行到位等履行问题。也就是说，田某雨在本案中既对行政协议的签订行为提出异议，又对行政协议的履行行为提出异议，其诉讼请求不够具体明确。

根据行政诉讼法第五十一条第三款之规定，起诉状内容欠缺或者有其他错误的，应当给予指导和释明，并一次性告知当事人需要补正的内容；不得未经指导和释明即以起诉不符合条件为由不接收起诉状。指导和释明应当是人民法院的法定程序义务，未履行相应的指导和释明义务的，属于审判程序违法。在起诉状内容欠缺或者未正确表达诉讼请求的情况下，人民法院应当进行指导和释明，要求当事人完善起诉状内容、明确诉讼请求，尤其是要明确被诉行政行为。本案中，田某雨提交的起诉状中的诉讼请求并不明确。在此情形下，一审本应依法通过指导和释明方式，要求田某雨明确被诉行政行为包括哪些。但是一审未进行指导和释明，而是仅以田某雨对补偿标准有异议这一行为进行审查，给当事人行使诉权造成了一定的影响，程序存在瑕疵，法院予以指正。

在田某雨的诉讼请求不明确的情况下，一审将田某雨所诉的行政行为确定为签订拆迁协议的行为，针对其诉请的撤销该协议进行审查。田某雨对签订协议行为不服，实质上是对补偿标准提出异议，应当先行申请裁决，一审、二审就该项诉讼请求作出的认定和驳回起诉的处理结果并无不当。

拆迁协议中约定采用分散迁建方式，但是某区人民政府从应付补偿款中扣除了重建安置宅基地用地费，并承诺由政府统一安置宅基地，实际上改变了拆迁协议中的拆迁安置方式。如果田某雨明确自己的诉讼请求是要求履行拆迁协议，则可以另行提起要求继续履行行政协议的诉讼，在符合其他起诉条件的情况下，人民法院应当依法进行实体审查。故即使田某雨认为自己的诉讼请求不是针对签订协议的行为，仍可以继续循法律途径对履行协议行为进行救济。一审、二审裁定驳回起诉，并未对其诉讼权利产生影响。

综上，裁定驳回田某雨的再审申请。

相关法条

《中华人民共和国行政诉讼法》

第四十九条 提起诉讼应当符合下列条件：

（一）原告是符合本法第二十五条规定的公民、法人或者其他组织；

（二）有明确的被告；

（三）有具体的诉讼请求和事实根据；

（四）属于人民法院受案范围和受诉人民法院管辖。

48 对起诉期限中"知道或者应当知道"的理解

问题提出

行政诉讼的起诉期限,从知道或者应当知道作出行政行为之日起计算。起诉期限中的"知道或者应当知道"应该怎样理解?

法律解答

行政诉讼的起诉期限,是指公民、法人或者其他组织不服行政机关作出的行政行为,而向人民法院提起行政诉讼,其起诉可由人民法院立案受理的法定期限。行政诉讼起诉期限是法律设定的起诉条件之一,解决的是行政起诉能否进入司法实体审查的问题。行政诉讼法第四十六条规定,公民、法人或者其他组织直接向人民法院提起诉讼的,应当自知道或者应当知道作出行政行为之日起六个月内提出。法律另有规定的除外。因不动产提起诉讼的案件自行政行为作出之日起超过二十年,其他案件自行政行为作出之日起超过五年提起诉讼的,人民法院不予受理。因此,起诉期限,从知道或者应当知道作出行政行为之日起计算。由于法律设定起诉期限制度的目的,在于充分保障并督促当事人及时行使诉讼权利,在维护社会秩序和公法秩序的稳定与权利救济之间达成一定的平衡。此处所谓的"知道行政行为",主要是指知道或者应当知道行政行为对当事人的权利状态产生影响这一必要内容即可。换言之,起诉人知道行政行为的程度,并不必然影响或阻碍其依法提起行政诉讼;所谓"应当知道"是指遵循法官职业道德,运用逻辑推理和生活经验,根据相关证据,推定起诉人知道作出被诉行政行为的时间。公民、法人或者其他组织提起行政诉讼,应当是针对其确信是真实的行政行为。若起诉人尚对是否存在被诉行政行为存疑,便起算起诉期限,则有违设置起诉期限制度的本意。知道或者应当知道行政行为的内容并非简单的"看到"。

相关案例

区某与某街道办事处土地行政强制案[①]

2016年6月29日和30日,某街道办事处分别与某机电设备公司、某纺织公司和某感光材料公司签订《交地确认书》。某街道办已按协议约定,将全部征地补偿款划入某村委会和某经联社账户。2016年7月22日,某村委会发布通知,告知村民将于2016年8月1日后,对已被征收的土地开展填土工程。2016年9月7日,某村委会通知村民,涉案地块已完成征地手续,征地补偿款已发放到村民的账户,请村民到村委会核实,并签收领取青苗补偿款。2016年9月下旬,某街道办事处等相关部门对某村被征收土地进行填土。2018年2月8日,区某提起本案行政诉讼,请求确认某街道办事处、某公安分局、某住建水务局强占区某承包地进行填土的行政行为违法。

江门市中级人民法院(2018)粤07行初27号行政裁定认为,某街道办事处按照《征收土地公告》《征地补偿安置方案公告》的要求,与涉案集体土地所有权人某经联社签订征地补偿协议。征地补偿款全额划入某村委会和某经联社账户后,涉案集体土地的征收工作已经完成,土地性质已由农村集体土地转为国有建设用地,所有权人不再是集体经济组织。某街道办事处对国有建设用地实施的填土行为,与区某不产生任何利害关系。裁定驳回区某的起诉。区某不服,提起上诉。

广东省高级人民法院(2018)粤行终1536号二审行政裁定驳回上诉,维持原裁定。

最高人民法院经审查认为,行政诉讼法第四十六条第一款规定,公民、法

[①] 《区某、某街道办事处资源行政管理:土地行政管理(土地)再审审查与审判监督行政裁定书》,载中国裁判文书网,https://wenshu.court.gov.cn/website/wenshu/181107ANFZ0BXSK4/index.html?docId=32e1abbb-2ce24af3b618ab2501145128,2022年6月27日访问。

人或者其他组织直接向人民法院提起诉讼的，应当自知道或者应当知道作出行政行为之日起六个月内提出。《最高人民法院关于适用〈中华人民共和国行政诉讼法〉若干问题的解释》第二十六条第一款规定，2015年5月1日前起诉期限尚未届满的，适用修改后的行政诉讼法关于起诉期限的规定。同时，第二十七条还规定，最高人民法院以前发布的司法解释与本解释不一致的，以本解释为准。根据前述规定，2015年5月1日之后发生的行政行为，当然只能适用修改后的行政诉讼法第四十六条第一款规定的起诉期限，从知道或者应当知道作出行政行为之日起六个月。所谓"知道"，应当是指有充分证据证明，起诉人知道作出被诉行政行为的时间；所谓"应当知道"是指遵循法官职业道德，运用逻辑推理和生活经验，根据相关证据，推定起诉人知道作出被诉行政行为的时间。本案中，尽管没有充分证据证明，某街道办事处于2016年9月下旬作出强制填土的行政行为时通知区某到场，或者某街道办事处实施强制填土行为时区某就在现场，无法用证据直接证明某街道办事处作出被诉强制填土行为当日，区某即"知道"被诉行政行为。但是，综合分析以下事实（1）区某系被征收土地集体经济组织成员，生活在被强制填土的承包地区域，（2）区某十分关心自己的承包地，（3）某村委会于2016年7月22日已经发布通知，告知全体村民，将于2016年8月1日后对已被征收的土地开展填土工程，（4）某街道办事处实施强制填土行为系大规模公开行动，运用逻辑推理和生活经验，完全可以推定区某在其承包地被强制填土之日即已知道被诉行政行为。区某于2018年2月8日提起本案行政诉讼，超过法律规定的6个月起诉期限。一审、二审裁定驳回区某的起诉，处理结果并无不当。区某主张，《交地确认书》未经村民代表大会讨论同意，被征收人不同意交地，相关部门未申请法院强制执行，强行占地并填土行为违法。但是，本案一审、二审裁定系驳回区某的起诉，《交地确认书》未经村民代表大会讨论同意、相关部门未申请人民法院强制执行等问题，属于被诉强制填土行为是否合法的实体审查问题，不属于本案审理范围。以此为由申请再审，理由不能成立。

应当指出的是，行政诉讼法第二十五条第一款规定，行政行为的相对人以及其他与行政行为有利害关系的公民、法人或者其他组织，有权提起诉讼。判断行政行为的相对人与行政行为是否有利害关系，应当看行政行为是否对相对人的权利义务造成实质上的影响。土地征收案件中，只有在作出征收决定或签订征收补偿协议后，被征收人超过法定起诉期限未对补偿决定或补偿协议行为提起行政诉讼，对补偿决定或补偿协议的起诉期限届满之日，或者被征收人不服补偿决定或补偿协议依法提起行政诉讼，终审判决生效之日，被征收人丧失对已经获得补偿的被征收土地、青苗、房屋及其他建筑物、构筑物的所有权，之后被征收人对行政机关就土地、青苗、房屋等作出的行政行为不服提起行政诉讼，与被诉行政行为没有利害关系，不具有原告资格。本案中，区某是诉强制填土、平整土地的行政行为违法，是否具有原告资格，核心是要审查区某对其承包地上的青苗等补偿决定或补偿协议行为的起诉期限是否已经届满。一审、二审未查明前述事实，即认定区某与被诉强制填土行政行为不具有利害关系不妥，法院予以指正。鉴于区某的起诉已超过法定起诉期限，一审、二审裁定结果并无不当，本案不予再审。

综上，裁定驳回区某的再审申请。

刘某兰与某开发区管委会给付征收补偿款案[①]

2008年1月，某区管委会决定对某村实施城中村改造，拆迁安置补偿等具体工作某区管委会交由某区城中村改造指挥部具体实施。2008年7月11日，指挥部下发某村拆迁补偿安置方案公告后，刘某兰的公公张某强开始向指挥部某区管委会信访反映拆迁补偿问题。2016年3月7日，刘某兰提起本案行政诉讼。

[①] 《刘某兰、某开发区管理委员会再审审查与审判监督行政裁定书》，载中国裁判文书网，https://wenshu.court.gov.cn/website/wenshu/181107ANFZ0BXSK4/index.html? docId = 44893c53a2a04eeb93cda81d011484d6，2022年6月27日访问。

一审法院认为，刘某兰作为某村村民在2008年7月11日指挥部下发某营村拆迁补偿安置方案公告时就应当知晓该行政行为。且刘某兰的公公张某强对城中村拆迁改造行为进行信访的事实亦能证明其在2008年就已经知晓该行政行为。刘某兰于2016年3月7日起诉已经超过法律规定的2年起诉期限。据此，裁定驳回刘某兰的起诉。

刘某兰不服一审裁定，向内蒙古自治区高级人民法院提起上诉。二审法院裁定驳回上诉，维持一审裁定。

最高人民法院认为，本案中，根据一审、二审法院查明的事实及另案查明的事实，2008年7月11日指挥部下发某村拆迁补偿安置方案公告。此后，再审申请人的公公张某强即开始信访反映相关拆迁补偿问题，说明再审申请人应当知道涉案土地被征收的事实。刘某兰于2016年3月7日向人民法院提起行政诉讼已明显超过起诉期限。申诉信访不是法定的救济途径，而是一种诉求表达机制，通过信访反映诉求还是通过诉讼寻求救济，是民众对于维护自身合法权益渠道的选择。但是，通过信访反映诉求未果后提起行政诉讼，仍应受到行政诉讼法及其司法解释关于起诉期限的限制，因信访耽误的时间也不是法定可以延长起诉期限的正当理由。故再审申请人关于因信访耽误了起诉期限的申请再审理由不能成立，法院不予支持。

综上，裁定驳回再审申请人刘某兰的再审申请。

相关法条

《中华人民共和国行政诉讼法》

第四十六条　公民、法人或者其他组织直接向人民法院提起诉讼的，应当自知道或者应当知道作出行政行为之日起六个月内提出。法律另有规定的除外。

因不动产提起诉讼的案件自行政行为作出之日起超过二十年，其他案件自行政行为作出之日起超过五年提起诉讼的，人民法院不予受理。

49 征收信息公开不适用政府信息公开条例

问题提出

为什么涉及征收拆迁的信息公开不能适用政府信息公开条例的规定?

法律解答

公开透明是征收条例始终贯穿的一个原则,实践证明只有在征收过程中坚持阳光操作、公开透明,才能取得群众对征收工作的支持与信任。在房屋征收过程中,坚持公开透明对房屋征收工作提出了更高的要求,不但要求征收过程的公开,还要求补偿结果的公开,通过公布分户补偿情况,主动将政府的征收补偿曝光于天下,自觉接受群众检验,在保证了补偿公平的同时,也能有效杜绝征收行为中的违法、违纪行为。

征收条例第二十九条第一款规定,房屋征收部门应当依法建立房屋征收补偿档案,并将分户补偿情况在房屋征收范围内向被征收人公布。房屋征收补偿档案资料不仅是征收过程的重要依据,也记录了城市和社会发展变迁的历史过程,补偿档案等原始凭证还为历史遗留问题的解决处理提供了依据。房屋征收档案是城市建设档案的重要组成部分,建立、健全房屋征收档案管理制度,妥善地管理好房屋征收档案资料,是房屋征收部门的职责。房屋征收补偿档案资料包括:征收决定发布前的相关会议纪要;征收决定发布所依据的相关规划、立项资料;征收决定发布前的群众听证和征求意见等资料;征收补偿方案;征收决定及公告;委托征收实施单位的合同;委托价格评估机构的合同;整体评估报告和分户评估报告;通知有关部门停止办理相关手续的书面通知;分户补偿资料;补偿协议;达不成补偿协议的,由市、县级人民政府作出的补偿决定及有关资料;申请人民法院强制执行的材料;监察、审计部门对征收工作进行监督检查、审计的材料;其他与征收有关的档案资料。

根据上述规定,市、县级人民政府及其征收部门在国有土地上房屋征收过程中,具有依法主动公告公开上述相关信息的法定职责。

应当明确,因政府信息公开条例是对政府信息公开问题的一般规定,而征收条例是对有关房屋征收政府信息公开的特别规定,按照"特别法优于一般法"的法律适用原则,对征收中的信息公开问题,应当适用征收条例,而非政府信息公开条例。

相关法条

《中华人民共和国政府信息公开条例》

第十条 行政机关制作的政府信息,由制作该政府信息的行政机关负责公开。行政机关从公民、法人和其他组织获取的政府信息,由保存该政府信息的行政机关负责公开;行政机关获取的其他行政机关的政府信息,由制作或者最初获取该政府信息的行政机关负责公开。法律、法规对政府信息公开的权限另有规定的,从其规定。

行政机关设立的派出机构、内设机构依照法律、法规对外以自己名义履行行政管理职能的,可以由该派出机构、内设机构负责与所履行行政管理职能有关的政府信息公开工作。

两个以上行政机关共同制作的政府信息,由牵头制作的行政机关负责公开。

附录

国有土地上房屋征收与补偿条例

（2011年1月19日国务院第141次常务会议通过 2011年1月21日中华人民共和国国务院令第590号公布 自公布之日起施行）

第一章 总 则

第一条 【立法目的】为了规范国有土地上房屋征收与补偿活动，维护公共利益，保障被征收房屋所有权人的合法权益，制定本条例。

第二条 【适用范围】为了公共利益的需要，征收国有土地上单位、个人的房屋，应当对被征收房屋所有权人（以下称被征收人）给予公平补偿。

第三条 【基本原则】房屋征收与补偿应当遵循决策民主、程序正当、结果公开的原则。

第四条 【行政管辖】市、县级人民政府负责本行政区域的房屋征收与补偿工作。

市、县级人民政府确定的房屋征收部门（以下称房屋征收部门）组织实施本行政区域的房屋征收与补偿工作。

市、县级人民政府有关部门应当依照本条例的规定和本级人民政府规定的职责分工，互相配合，保障房屋征收与补偿工作的顺利进行。

第五条 【房屋征收实施单位】房屋征收部门可以委托房屋征收实施单位，承担房屋征收与补偿的具体工作。房屋征收实施单位不得以营利为目的。

房屋征收部门对房屋征收实施单位在委托范围内实施的房屋征收与补偿行

为负责监督，并对其行为后果承担法律责任。

第六条 【主管部门】 上级人民政府应当加强对下级人民政府房屋征收与补偿工作的监督。

国务院住房城乡建设主管部门和省、自治区、直辖市人民政府住房城乡建设主管部门应当会同同级财政、国土资源、发展改革等有关部门，加强对房屋征收与补偿实施工作的指导。

第七条 【举报与监察】 任何组织和个人对违反本条例规定的行为，都有权向有关人民政府、房屋征收部门和其他有关部门举报。接到举报的有关人民政府、房屋征收部门和其他有关部门对举报应当及时核实、处理。

监察机关应当加强对参与房屋征收与补偿工作的政府和有关部门或者单位及其工作人员的监察。

第二章 征收决定

第八条 【征收情形】 为了保障国家安全、促进国民经济和社会发展等公共利益的需要，有下列情形之一，确需征收房屋的，由市、县级人民政府作出房屋征收决定：

（一）国防和外交的需要；

（二）由政府组织实施的能源、交通、水利等基础设施建设的需要；

（三）由政府组织实施的科技、教育、文化、卫生、体育、环境和资源保护、防灾减灾、文物保护、社会福利、市政公用等公共事业的需要；

（四）由政府组织实施的保障性安居工程建设的需要；

（五）由政府依照城乡规划法有关规定组织实施的对危房集中、基础设施落后等地段进行旧城区改建的需要；

（六）法律、行政法规规定的其他公共利益的需要。

第九条 【征收相关建设的要求】 依照本条例第八条规定，确需征收房屋的各项建设活动，应当符合国民经济和社会发展规划、土地利用总体规划、城乡规划和专项规划。保障性安居工程建设、旧城区改建，应当纳入市、县级国民经济和社会发展年度计划。

制定国民经济和社会发展规划、土地利用总体规划、城乡规划和专项规划，应当广泛征求社会公众意见，经过科学论证。

第十条　【征收补偿方案】房屋征收部门拟定征收补偿方案，报市、县级人民政府。

市、县级人民政府应当组织有关部门对征收补偿方案进行论证并予以公布，征求公众意见。征求意见期限不得少于30日。

第十一条　【旧城区改建】市、县级人民政府应当将征求意见情况和根据公众意见修改的情况及时公布。

因旧城区改建需要征收房屋，多数被征收人认为征收补偿方案不符合本条例规定的，市、县级人民政府应当组织由被征收人和公众代表参加的听证会，并根据听证会情况修改方案。

第十二条　【社会稳定风险评估】市、县级人民政府作出房屋征收决定前，应当按照有关规定进行社会稳定风险评估；房屋征收决定涉及被征收人数量较多的，应当经政府常务会议讨论决定。

作出房屋征收决定前，征收补偿费用应当足额到位、专户存储、专款专用。

第十三条　【征收公告】市、县级人民政府作出房屋征收决定后应当及时公告。公告应当载明征收补偿方案和行政复议、行政诉讼权利等事项。

市、县级人民政府及房屋征收部门应当做好房屋征收与补偿的宣传、解释工作。

房屋被依法征收的，国有土地使用权同时收回。

第十四条　【征收复议与诉讼】被征收人对市、县级人民政府作出的房屋征收决定不服的，可以依法申请行政复议，也可以依法提起行政诉讼。

第十五条　【征收调查登记】房屋征收部门应当对房屋征收范围内房屋

的权属、区位、用途、建筑面积等情况组织调查登记，被征收人应当予以配合。调查结果应当在房屋征收范围内向被征收人公布。

第十六条 【房屋征收范围确定】房屋征收范围确定后，不得在房屋征收范围内实施新建、扩建、改建房屋和改变房屋用途等不当增加补偿费用的行为；违反规定实施的，不予补偿。

房屋征收部门应当将前款所列事项书面通知有关部门暂停办理相关手续。暂停办理相关手续的书面通知应当载明暂停期限。暂停期限最长不得超过1年。

第三章 补 偿

第十七条 【征收补偿范围】作出房屋征收决定的市、县级人民政府对被征收人给予的补偿包括：

（一）被征收房屋价值的补偿；

（二）因征收房屋造成的搬迁、临时安置的补偿；

（三）因征收房屋造成的停产停业损失的补偿。

市、县级人民政府应当制定补助和奖励办法，对被征收人给予补助和奖励。

第十八条 【涉及住房保障情形的征收】征收个人住宅，被征收人符合住房保障条件的，作出房屋征收决定的市、县级人民政府应当优先给予住房保障。具体办法由省、自治区、直辖市制定。

第十九条 【被征收房屋价值的补偿】对被征收房屋价值的补偿，不得低于房屋征收决定公告之日被征收房屋类似房地产的市场价格。被征收房屋的价值，由具有相应资质的房地产价格评估机构按照房屋征收评估办法评估确定。

对评估确定的被征收房屋价值有异议的，可以向房地产价格评估机构申请复核评估。对复核结果有异议的，可以向房地产价格评估专家委员会申请鉴定。

房屋征收评估办法由国务院住房城乡建设主管部门制定，制定过程中，应当向社会公开征求意见。

第二十条 【房地产价格评估机构】房地产价格评估机构由被征收人协商选定；协商不成的，通过多数决定、随机选定等方式确定，具体办法由省、自治区、直辖市制定。

房地产价格评估机构应当独立、客观、公正地开展房屋征收评估工作，任何单位和个人不得干预。

第二十一条 【产权调换】被征收人可以选择货币补偿，也可以选择房屋产权调换。

被征收人选择房屋产权调换的，市、县级人民政府应当提供用于产权调换的房屋，并与被征收人计算、结清被征收房屋价值与用于产权调换房屋价值的差价。

因旧城区改建征收个人住宅，被征收人选择在改建地段进行房屋产权调换的，作出房屋征收决定的市、县级人民政府应当提供改建地段或者就近地段的房屋。

第二十二条 【搬迁与临时安置】因征收房屋造成搬迁的，房屋征收部门应当向被征收人支付搬迁费；选择房屋产权调换的，产权调换房屋交付前，房屋征收部门应当向被征收人支付临时安置费或者提供周转用房。

第二十三条 【停产停业损失的补偿】对因征收房屋造成停产停业损失的补偿，根据房屋被征收前的效益、停产停业期限等因素确定。具体办法由省、自治区、直辖市制定。

第二十四条 【临时建筑】市、县级人民政府及其有关部门应当依法加强对建设活动的监督管理，对违反城乡规划进行建设的，依法予以处理。

市、县级人民政府作出房屋征收决定前，应当组织有关部门依法对征收范围内未经登记的建筑进行调查、认定和处理。对认定为合法建筑和未超过批准期限的临时建筑的，应当给予补偿；对认定为违法建筑和超过批准期限的临时建筑的，不予补偿。

第二十五条　【补偿协议】房屋征收部门与被征收人依照本条例的规定，就补偿方式、补偿金额和支付期限、用于产权调换房屋的地点和面积、搬迁费、临时安置费或者周转用房、停产停业损失、搬迁期限、过渡方式和过渡期限等事项，订立补偿协议。

补偿协议订立后，一方当事人不履行补偿协议约定的义务的，另一方当事人可以依法提起诉讼。

第二十六条　【补偿决定】房屋征收部门与被征收人在征收补偿方案确定的签约期限内达不成补偿协议，或者被征收房屋所有权人不明确的，由房屋征收部门报请作出房屋征收决定的市、县级人民政府依照本条例的规定，按照征收补偿方案作出补偿决定，并在房屋征收范围内予以公告。

补偿决定应当公平，包括本条例第二十五条第一款规定的有关补偿协议的事项。

被征收人对补偿决定不服的，可以依法申请行政复议，也可以依法提起行政诉讼。

第二十七条　【先补偿后搬迁】实施房屋征收应当先补偿、后搬迁。

作出房屋征收决定的市、县级人民政府对被征收人给予补偿后，被征收人应当在补偿协议约定或者补偿决定确定的搬迁期限内完成搬迁。

任何单位和个人不得采取暴力、威胁或者违反规定中断供水、供热、供气、供电和道路通行等非法方式迫使被征收人搬迁。禁止建设单位参与搬迁活动。

第二十八条　【依法申请法院强制执行】被征收人在法定期限内不申请行政复议或者不提起行政诉讼，在补偿决定规定的期限内又不搬迁的，由作出房屋征收决定的市、县级人民政府依法申请人民法院强制执行。

强制执行申请书应当附具补偿金额和专户存储账号、产权调换房屋和周转用房的地点和面积等材料。

第二十九条 【征收补偿档案与审计监督】房屋征收部门应当依法建立房屋征收补偿档案，并将分户补偿情况在房屋征收范围内向被征收人公布。

审计机关应当加强对征收补偿费用管理和使用情况的监督，并公布审计结果。

第四章 法 律 责 任

第三十条 【玩忽职守等法律责任】市、县级人民政府及房屋征收部门的工作人员在房屋征收与补偿工作中不履行本条例规定的职责，或者滥用职权、玩忽职守、徇私舞弊的，由上级人民政府或者本级人民政府责令改正，通报批评；造成损失的，依法承担赔偿责任；对直接负责的主管人员和其他直接责任人员，依法给予处分；构成犯罪的，依法追究刑事责任。

第三十一条 【暴力等非法搬迁法律责任】采取暴力、威胁或者违反规定中断供水、供热、供气、供电和道路通行等非法方式迫使被征收人搬迁，造成损失的，依法承担赔偿责任；对直接负责的主管人员和其他直接责任人员，构成犯罪的，依法追究刑事责任；尚不构成犯罪的，依法给予处分；构成违反治安管理行为的，依法给予治安管理处罚。

第三十二条 【非法阻碍征收与补偿工作法律责任】采取暴力、威胁等方法阻碍依法进行的房屋征收与补偿工作，构成犯罪的，依法追究刑事责任；构成违反治安管理行为的，依法给予治安管理处罚。

第三十三条 【贪污、挪用等法律责任】贪污、挪用、私分、截留、拖欠征收补偿费用的，责令改正，追回有关款项，限期退还违法所得，对有关责任单位通报批评、给予警告；造成损失的，依法承担赔偿责任；对直接负责的主管人员和其他直接责任人员，构成犯罪的，依法追究刑事责任；尚不构成犯罪的，依法给予处分。

第三十四条 【违法评估法律责任】房地产价格评估机构或者房地产估

价师出具虚假或者有重大差错的评估报告的，由发证机关责令限期改正，给予警告，对房地产价格评估机构并处 5 万元以上 20 万元以下罚款，对房地产估价师并处 1 万元以上 3 万元以下罚款，并记入信用档案；情节严重的，吊销资质证书、注册证书；造成损失的，依法承担赔偿责任；构成犯罪的，依法追究刑事责任。

第五章　附　　则

第三十五条　【施行日期】本条例自公布之日起施行。2001 年 6 月 13 日国务院公布的《城市房屋拆迁管理条例》同时废止。本条例施行前已依法取得房屋拆迁许可证的项目，继续沿用原有的规定办理，但政府不得责成有关部门强制拆迁。

最高人民法院关于办理申请人民法院强制执行国有土地上房屋征收补偿决定案件若干问题的规定

（2012 年 3 月 26 日法释〔2012〕4 号公布　自 2012 年 4 月 10 日起施行）

为依法正确办理市、县级人民政府申请人民法院强制执行国有土地上房屋征收补偿决定（以下简称征收补偿决定）案件，维护公共利益，保障被征收房屋所有权人的合法权益，根据《中华人民共和国行政诉讼法》、《中华人民共和国行政强制法》、《国有土地上房屋征收与补偿条例》（以下简称《条例》）等有关法律、行政法规规定，结合审判实际，制定本规定。

第一条　申请人民法院强制执行征收补偿决定案件，由房屋所在地基层人民法院管辖，高级人民法院可以根据本地实际情况决定管辖法院。

第二条 申请机关向人民法院申请强制执行，除提供《条例》第二十八条规定的强制执行申请书及附具材料外，还应当提供下列材料：

（一）征收补偿决定及相关证据和所依据的规范性文件；

（二）征收补偿决定送达凭证、催告情况及房屋被征收人、直接利害关系人的意见；

（三）社会稳定风险评估材料；

（四）申请强制执行的房屋状况；

（五）被执行人的姓名或者名称、住址及与强制执行相关的财产状况等具体情况；

（六）法律、行政法规规定应当提交的其他材料。

强制执行申请书应当由申请机关负责人签名，加盖申请机关印章，并注明日期。

强制执行的申请应当自被执行人的法定起诉期限届满之日起三个月内提出；逾期申请的，除有正当理由外，人民法院不予受理。

第三条 人民法院认为强制执行的申请符合形式要件且材料齐全的，应当在接到申请后五日内立案受理，并通知申请机关；不符合形式要件或者材料不全的应当限期补正，并在最终补正的材料提供后五日内立案受理；不符合形式要件或者逾期无正当理由不补正材料的，裁定不予受理。

申请机关对不予受理的裁定有异议的，可以自收到裁定之日起十五日内向上一级人民法院申请复议，上一级人民法院应当自收到复议申请之日起十五日内作出裁定。

第四条 人民法院应当自立案之日起三十日内作出是否准予执行的裁定；有特殊情况需要延长审查期限的，由高级人民法院批准。

第五条 人民法院在审查期间，可以根据需要调取相关证据、询问当事人、组织听证或者进行现场调查。

第六条 征收补偿决定存在下列情形之一的，人民法院应当裁定不准予执行：

（一）明显缺乏事实根据；

（二）明显缺乏法律、法规依据；

（三）明显不符合公平补偿原则，严重损害被执行人合法权益，或者使被执行人基本生活、生产经营条件没有保障；

（四）明显违反行政目的，严重损害公共利益；

（五）严重违反法定程序或者正当程序；

（六）超越职权；

（七）法律、法规、规章等规定的其他不宜强制执行的情形。

人民法院裁定不准予执行的，应当说明理由，并在五日内将裁定送达申请机关。

第七条　申请机关对不准予执行的裁定有异议的，可以自收到裁定之日起十五日内向上一级人民法院申请复议，上一级人民法院应当自收到复议申请之日起三十日内作出裁定。

第八条　人民法院裁定准予执行的，应当在五日内将裁定送达申请机关和被执行人，并可以根据实际情况建议申请机关依法采取必要措施，保障征收与补偿活动顺利实施。

第九条　人民法院裁定准予执行的，一般由作出征收补偿决定的市、县级人民政府组织实施，也可以由人民法院执行。

第十条　《条例》施行前已依法取得房屋拆迁许可证的项目，人民法院裁定准予执行房屋拆迁裁决的，参照本规定第九条精神办理。

第十一条　最高人民法院以前所作的司法解释与本规定不一致的，按本规定执行。

最高人民法院关于审理涉及农村集体土地行政案件若干问题的规定

(2011年8月7日法释〔2011〕20号公布 自2011年9月5日起施行)

为正确审理涉及农村集体土地的行政案件,根据《中华人民共和国物权法》、《中华人民共和国土地管理法》和《中华人民共和国行政诉讼法》等有关法律规定,结合行政审判实际,制定本规定。

第一条 农村集体土地的权利人或者利害关系人(以下简称土地权利人)认为行政机关作出的涉及农村集体土地的行政行为侵犯其合法权益,提起诉讼的,属于人民法院行政诉讼的受案范围。

第二条 土地登记机构根据人民法院生效裁判文书、协助执行通知书或者仲裁机构的法律文书办理的土地权属登记行为,土地权利人不服提起诉讼的,人民法院不予受理,但土地权利人认为登记内容与有关文书内容不一致的除外。

第三条 村民委员会或者农村集体经济组织对涉及农村集体土地的行政行为不起诉的,过半数的村民可以以集体经济组织名义提起诉讼。

农村集体经济组织成员全部转为城镇居民后,对涉及农村集体土地的行政行为不服的,过半数的原集体经济组织成员可以提起诉讼。

第四条 土地使用权人或者实际使用人对行政机关作出涉及其使用或实际使用的集体土地的行政行为不服的,可以以自己的名义提起诉讼。

第五条 土地权利人认为土地储备机构作出的行为侵犯其依法享有的农村集体土地所有权或使用权的,向人民法院提起诉讼的,应当以土地储备机构所隶属的土地管理部门为被告。

第六条 土地权利人认为乡级以上人民政府作出的土地确权决定侵犯其依法享有的农村集体土地所有权或者使用权，经复议后向人民法院提起诉讼的，人民法院应当依法受理。

法律、法规规定应当先申请行政复议的土地行政案件，复议机关作出不受理复议申请的决定或者以不符合受理条件为由驳回复议申请，复议申请人不服的，应当以复议机关为被告向人民法院提起诉讼。

第七条 土地权利人认为行政机关作出的行政处罚、行政强制措施等行政行为侵犯其依法享有的农村集体土地所有权或者使用权，直接向人民法院提起诉讼的，人民法院应当依法受理。

第八条 土地权属登记（包括土地权属证书）在生效裁判和仲裁裁决中作为定案证据，利害关系人对该登记行为提起诉讼的，人民法院应当依法受理。

第九条 涉及农村集体土地的行政决定以公告方式送达的，起诉期限自公告确定的期限届满之日起计算。

第十条 土地权利人对土地管理部门组织实施过程中确定的土地补偿有异议，直接向人民法院提起诉讼的，人民法院不予受理，但应当告知土地权利人先申请行政机关裁决。

第十一条 土地权利人以土地管理部门超过两年对非法占地行为进行处罚违法，向人民法院起诉的，人民法院应当按照行政处罚法第二十九条第二款的规定处理。

第十二条 征收农村集体土地时涉及被征收土地上的房屋及其他不动产，土地权利人可以请求依照物权法第四十二条第二款的规定给予补偿。

征收农村集体土地时未就被征收土地上的房屋及其他不动产进行安置补偿，补偿安置时房屋所在地已纳入城市规划区，土地权利人请求参照执行国有土地上房屋征收补偿标准的，人民法院一般应予支持，但应当扣除已经取得的土地补偿费。

第十三条 在审理土地行政案件中，人民法院经当事人同意进行协调的期间，不计算在审理期限内。当事人不同意继续协商的，人民法院应当及时审理，并恢复计算审理期限。

第十四条 县级以上人民政府土地管理部门根据土地管理法实施条例第四十五条的规定，申请人民法院执行其作出的责令交出土地决定的，应当符合下列条件：

（一）征收土地方案已经有权机关依法批准；

（二）市、县人民政府和土地管理部门已经依照土地管理法和土地管理法实施条例规定的程序实施征地行为；

（三）被征收土地所有权人、使用人已经依法得到安置补偿或者无正当理由拒绝接受安置补偿，且拒不交出土地，已经影响到征收工作的正常进行；

（四）符合《最高人民法院关于执行〈中华人民共和国行政诉讼法〉若干问题的解释》第八十六条规定的条件。

人民法院对符合条件的申请，应当予以受理，并通知申请人；对不符合条件的申请，应当裁定不予受理。

第十五条 最高人民法院以前所作的司法解释与本规定不一致的，以本规定为准。

国有土地上房屋征收评估办法

（2011年6月3日　建房〔2011〕77号）

第一条 为规范国有土地上房屋征收评估活动，保证房屋征收评估结果客观公平，根据《国有土地上房屋征收与补偿条例》，制定本办法。

第二条 评估国有土地上被征收房屋和用于产权调换房屋的价值，测算被征收房屋类似房地产的市场价格，以及对相关评估结果进行复核评估和鉴定，适用本办法。

第三条 房地产价格评估机构、房地产估价师、房地产价格评估专家委员会（以下称评估专家委员会）成员应当独立、客观、公正地开展房屋征收评估、鉴定工作，并对出具的评估、鉴定意见负责。

任何单位和个人不得干预房屋征收评估、鉴定活动。与房屋征收当事人有利害关系的，应当回避。

第四条 房地产价格评估机构由被征收人在规定时间内协商选定；在规定时间内协商不成的，由房屋征收部门通过组织被征收人按照少数服从多数的原则投票决定，或者采取摇号、抽签等随机方式确定。具体办法由省、自治区、直辖市制定。

房地产价格评估机构不得采取迎合征收当事人不当要求、虚假宣传、恶意低收费等不正当手段承揽房屋征收评估业务。

第五条 同一征收项目的房屋征收评估工作，原则上由一家房地产价格评估机构承担。房屋征收范围较大的，可以由两家以上房地产价格评估机构共同承担。

两家以上房地产价格评估机构承担的，应当共同协商确定一家房地产价格评估机构为牵头单位；牵头单位应当组织相关房地产价格评估机构就评估对象、评估时点、价值内涵、评估依据、评估假设、评估原则、评估技术路线、评估方法、重要参数选取、评估结果确定方式等进行沟通，统一标准。

第六条 房地产价格评估机构选定或者确定后，一般由房屋征收部门作为委托人，向房地产价格评估机构出具房屋征收评估委托书，并与其签订房屋征收评估委托合同。

房屋征收评估委托书应当载明委托人的名称、委托的房地产价格评估机构的名称、评估目的、评估对象范围、评估要求以及委托日期等内容。

房屋征收评估委托合同应当载明下列事项：

（一）委托人和房地产价格评估机构的基本情况；

（二）负责本评估项目的注册房地产估价师；

（三）评估目的、评估对象、评估时点等评估基本事项；

（四）委托人应提供的评估所需资料；

（五）评估过程中双方的权利和义务；

（六）评估费用及收取方式；

（七）评估报告交付时间、方式；

（八）违约责任；

（九）解决争议的方法；

（十）其他需要载明的事项。

第七条 房地产价格评估机构应当指派与房屋征收评估项目工作量相适应的足够数量的注册房地产估价师开展评估工作。

房地产价格评估机构不得转让或者变相转让受托的房屋征收评估业务。

第八条 被征收房屋价值评估目的应当表述为"为房屋征收部门与被征收人确定被征收房屋价值的补偿提供依据，评估被征收房屋的价值"。

用于产权调换房屋价值评估目的应当表述为"为房屋征收部门与被征收人计算被征收房屋价值与用于产权调换房屋价值的差价提供依据，评估用于产权调换房屋的价值"。

第九条 房屋征收评估前，房屋征收部门应当组织有关单位对被征收房屋情况进行调查，明确评估对象。评估对象应当全面、客观，不得遗漏、虚构。

房屋征收部门应当向受托的房地产价格评估机构提供征收范围内房屋情况，包括已经登记的房屋情况和未经登记建筑的认定、处理结果情况。调查结果应当在房屋征收范围内向被征收人公布。

对于已经登记的房屋，其性质、用途和建筑面积，一般以房屋权属证书和房屋登记簿的记载为准；房屋权属证书与房屋登记簿的记载不一致的，除有证据证明房屋登记簿确有错误外，以房屋登记簿为准。对于未经登记的建筑，应当按照市、县级人民政府的认定、处理结果进行评估。

第十条 被征收房屋价值评估时点为房屋征收决定公告之日。

用于产权调换房屋价值评估时点应当与被征收房屋价值评估时点一致。

第十一条 被征收房屋价值是指被征收房屋及其占用范围内的土地使用权在正常交易情况下，由熟悉情况的交易双方以公平交易方式在评估时点自愿进行交易的金额，但不考虑被征收房屋租赁、抵押、查封等因素的影响。

前款所述不考虑租赁因素的影响，是指评估被征收房屋无租约限制的价值；不考虑抵押、查封因素的影响，是指评估价值中不扣除被征收房屋已抵押担保的债权数额、拖欠的建设工程价款和其他法定优先受偿款。

第十二条 房地产价格评估机构应当安排注册房地产估价师对被征收房屋进行实地查勘，调查被征收房屋状况，拍摄反映被征收房屋内外部状况的照片等影像资料，做好实地查勘记录，并妥善保管。

被征收人应当协助注册房地产估价师对被征收房屋进行实地查勘，提供或者协助搜集被征收房屋价值评估所必需的情况和资料。

房屋征收部门、被征收人和注册房地产估价师应当在实地查勘记录上签字或者盖章确认。被征收人拒绝在实地查勘记录上签字或者盖章的，应当由房屋征收部门、注册房地产估价师和无利害关系的第三人见证，有关情况应当在评估报告中说明。

第十三条 注册房地产估价师应当根据评估对象和当地房地产市场状况，对市场法、收益法、成本法、假设开发法等评估方法进行适用性分析后，选用其中一种或者多种方法对被征收房屋价值进行评估。

被征收房屋的类似房地产有交易的，应当选用市场法评估；被征收房屋或者其类似房地产有经济收益的，应当选用收益法评估；被征收房屋是在建工程的，应当选用假设开发法评估。

可以同时选用两种以上评估方法评估的，应当选用两种以上评估方法评估，并对各种评估方法的测算结果进行校核和比较分析后，合理确定评估结果。

第十四条 被征收房屋价值评估应当考虑被征收房屋的区位、用途、建筑结构、新旧程度、建筑面积以及占地面积、土地使用权等影响被征收房屋价值的因素。

被征收房屋室内装饰装修价值，机器设备、物资等搬迁费用，以及停产停业损失等补偿，由征收当事人协商确定；协商不成的，可以委托房地产价格评估机构通过评估确定。

第十五条 房屋征收评估价值应当以人民币为计价的货币单位，精确到元。

第十六条 房地产价格评估机构应当按照房屋征收评估委托书或者委托合同的约定，向房屋征收部门提供分户的初步评估结果。分户的初步评估结果应当包括评估对象的构成及其基本情况和评估价值。房屋征收部门应当将分户的初步评估结果在征收范围内向被征收人公示。

公示期间，房地产价格评估机构应当安排注册房地产估价师对分户的初步评估结果进行现场说明解释。存在错误的，房地产价格评估机构应当修正。

第十七条 分户初步评估结果公示期满后，房地产价格评估机构应当向房屋征收部门提供委托评估范围内被征收房屋的整体评估报告和分户评估报告。房屋征收部门应当向被征收人转交分户评估报告。

整体评估报告和分户评估报告应当由负责房屋征收评估项目的两名以上注册房地产估价师签字，并加盖房地产价格评估机构公章。不得以印章代替签字。

第十八条 房屋征收评估业务完成后，房地产价格评估机构应当将评估报告及相关资料立卷、归档保管。

第十九条 被征收人或者房屋征收部门对评估报告有疑问的,出具评估报告的房地产价格评估机构应当向其作出解释和说明。

第二十条 被征收人或者房屋征收部门对评估结果有异议的,应当自收到评估报告之日起10日内,向房地产价格评估机构申请复核评估。

申请复核评估的,应当向原房地产价格评估机构提出书面复核评估申请,并指出评估报告存在的问题。

第二十一条 原房地产价格评估机构应当自收到书面复核评估申请之日起10日内对评估结果进行复核。复核后,改变原评估结果的,应当重新出具评估报告;评估结果没有改变的,应当书面告知复核评估申请人。

第二十二条 被征收人或者房屋征收部门对原房地产价格评估机构的复核结果有异议的,应当自收到复核结果之日起10日内,向被征收房屋所在地评估专家委员会申请鉴定。被征收人对补偿仍有异议的,按照《国有土地上房屋征收与补偿条例》第二十六条规定处理。

第二十三条 各省、自治区住房城乡建设主管部门和设区城市的房地产管理部门应当组织成立评估专家委员会,对房地产价格评估机构做出的复核结果进行鉴定。

评估专家委员会由房地产估价师以及价格、房地产、土地、城市规划、法律等方面的专家组成。

第二十四条 评估专家委员会应当选派成员组成专家组,对复核结果进行鉴定。专家组成员为3人以上单数,其中房地产估价师不得少于二分之一。

第二十五条 评估专家委员会应当自收到鉴定申请之日起10日内,对申请鉴定评估报告的评估程序、评估依据、评估假设、评估技术路线、评估方法选用、参数选取、评估结果确定方式等评估技术问题进行审核,出具书面鉴定意见。

经评估专家委员会鉴定,评估报告不存在技术问题的,应当维持评估报告;评估报告存在技术问题的,出具评估报告的房地产价格评估机构应当改正错误,重新出具评估报告。

第二十六条　房屋征收评估鉴定过程中,房地产价格评估机构应当按照评估专家委员会要求,就鉴定涉及的评估相关事宜进行说明。需要对被征收房屋进行实地查勘和调查的,有关单位和个人应当协助。

第二十七条　因房屋征收评估、复核评估、鉴定工作需要查询被征收房屋和用于产权调换房屋权属以及相关房地产交易信息的,房地产管理部门及其他相关部门应当提供便利。

第二十八条　在房屋征收评估过程中,房屋征收部门或者被征收人不配合、不提供相关资料的,房地产价格评估机构应当在评估报告中说明有关情况。

第二十九条　除政府对用于产权调换房屋价格有特别规定外,应当以评估方式确定用于产权调换房屋的市场价值。

第三十条　被征收房屋的类似房地产是指与被征收房屋的区位、用途、权利性质、档次、新旧程度、规模、建筑结构等相同或者相似的房地产。

被征收房屋类似房地产的市场价格是指被征收房屋的类似房地产在评估时点的平均交易价格。确定被征收房屋类似房地产的市场价格,应当剔除偶然的和不正常的因素。

第三十一条　房屋征收评估、鉴定费用由委托人承担。但鉴定改变原评估结果的,鉴定费用由原房地产价格评估机构承担。复核评估费用由原房地产价格评估机构承担。房屋征收评估、鉴定费用按照政府价格主管部门规定的收费标准执行。

第三十二条　在房屋征收评估活动中,房地产价格评估机构和房地产估价师的违法违规行为,按照《国有土地上房屋征收与补偿条例》、《房地产估价机构管理办法》、《注册房地产估价师管理办法》等规定处罚。违反规定收费的，由政府价格主管部门依照《中华人民共和国价格法》规定处罚。

第三十三条 本办法自公布之日起施行。2003年12月1日原建设部发布的《城市房屋拆迁估价指导意见》同时废止。但《国有土地上房屋征收与补偿条例》施行前已依法取得房屋拆迁许可证的项目，继续沿用原有规定。

图书在版编目（CIP）数据

征收拆迁实务问答与案例指引／王学堂编著．—北京：中国法制出版社，2023.4
ISBN 978-7-5216-3404-4

Ⅰ.①征… Ⅱ.①王… Ⅲ.①房屋拆迁-法规-中国-问题解答②土地征用-土地法-中国-问题解答 Ⅳ.①D922.181.5②D922.35

中国国家版本馆 CIP 数据核字（2023）第 059858 号

责任编辑　白天园　　　　　　　　　　　　　封面设计　杨鑫宇

征收拆迁实务问答与案例指引
ZHENGSHOU CHAIQIAN SHIWU WENDA YU ANLI ZHIYIN

编著／王学堂
经销／新华书店
印刷／保定市中画美凯印刷有限公司
开本／730 毫米×1030 毫米　16 开　　　　印张／14.5　字数／205 千
版次／2023 年 4 月第 1 版　　　　　　　　2023 年 4 月第 1 次印刷

中国法制出版社出版
书号 ISBN 978-7-5216-3404-4　　　　　　　　　　定价：56.00 元

北京市西城区西便门西里甲 16 号西便门办公区
邮政编码：100053　　　　　　　　　　　　传真：010-63141600
网址：http：//www.zgfzs.com　　　　　　　编辑部电话：010-63141792
市场营销部电话：010-63141612　　　　　　印务部电话：010-63141606

（如有印装质量问题，请与本社印务部联系。）